厳しい勝負師の顔と、
なんとも言えない笑
顔。その２つで選手と
ファンの心をつかんだ

セカンド守備の名手
として西武ライオン
ズ黄金時代を支えた

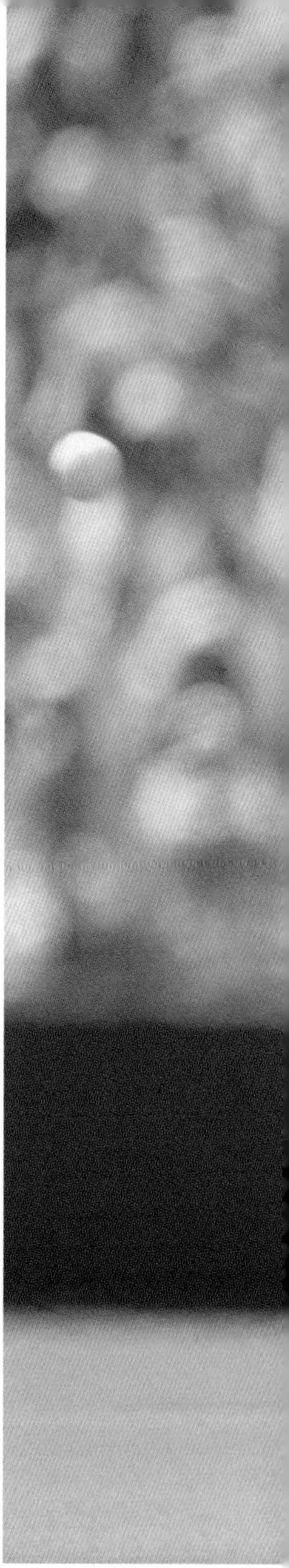

極端にバットを短く持ってのバッティングが特徴。
1993年には首位打者を獲得

2022年10月24日の誕生日。自宅にてルーキーと。この日からツイッターを始めた（著者提供）

つじのじつ話《わ》

自分らしく、あるがままの監督論

辻 発彦
［前埼玉西武ライオンズ監督］

初めに

ハラハラドキドキの6年間でした。

楽しく、トキメキ続けた6年間でした。

2022年のシーズンを終え、埼玉西武ライオンズの監督を退任しました。直後は寂しいような、ホッとしたような複雑な気持ちでしたが、公式戦が始まり、ゲームを見ていると、監督時代と同じような気持ちになり、体が熱くなってきます。

試合中継の解説中はもちろん我慢していますが、CMが流れている時間帯や家でテレビを見ていると、「ああ、何やってんだよ!」「よし、よくやった!」と言葉が出たりしてしまいます。

退任から時間はたちましたが、ずっと思っています。

「ライオンズに戻ってこられて本当によかった」と。

6年間、監督をさせていただき、本当に幸せでした。改めて応援いただいたファンの皆さま、選手をはじめ、コーチ、チームスタッフ、埼玉西武ライオンズに関わる、すべての方々に感謝です。

僕は器用な男ではありません。これまでの人生のすべてがうまくいったわけでもありません。たくさんの失敗や挫折があり、悩みがあり、回り道もしました。でも、振り返れば、すべてが糧になり、今につながっています。多くの方に支えられ、幸せな男だと改めて思っています。

本のタイトルも説明しましょう。『つじのじつ話』は、漢字を使えば『辻の実話』です。「僕の本当の姿、思いを書いています」という意味を込めてですが、同時に、上から読んでも下から読んでも『つじのじつ』という遊びも入れています。奇をてらった内容ではありません。僕が現役選手、コーチ、監督、評論家、そして一人の男として、感じたこと、考えていたことをそのまま書いています。

少しでも皆さまの興味を引き、参考になれば幸いです。

僕は、この本の話をもらったとき、こう答えました。

「ありがとうございます！　ただ、気取った本は書けませんよ。辻発彦は辻発彦ですから」

いつもどおりの僕でいかせていただきます。

それが皆さまのご想像どおりの僕かどうかは別として——。

CONTENTS

第2章 つじのコーチング

第3章　つじのライオンズ監督時代――93

第4章　つじの鎧　147

第5章　つじの監督前

最終章　つじのこれから　231

おまけ企画

辻親子対談　248

※本文中、2017年から2022年まで監督としてともに戦った仲間である埼玉西武ライオンズの選手、コーチについては敬称略とさせていただきます。また、現役時代の後輩選手、コーチ、二軍監督時代の選手、コーチは、当時の話の中に出てくる場合、引退選手、退任コーチも「選手」「コーチ」をつけています。

（辻発彦）

第1章

つじのスタイル

黄金時代の西武ライオンズで
笑顔も見せずにプレーしていた男は、
3年連続Bクラスの古巣を
どのように変えていったのか。
まずは辻流監督スタイルから。

Style

つじのじつ話　その1

ジョギングとツッコミが2つのルーティン？

僕の日課はジョギングです。監督時代だけではなくコーチ時代もそうでしたが、誰よりも早く球場に着き、全体練習の前に必ず走って、ひと汗かくようにしていました。

雨天の場合はベルーナドーム内を走りますが、天気がいいと近くの多摩湖周辺に足を延ばしました。緑豊かで湖もきれい。絶好のジョギングコースです。試合に思いを巡らせるというより、音楽を聴きながら無心に近い状態で走っていました。

もともと走るのが好きだったこともありますが、選手を指導する際、自分もしっかり体をつくって、見本になる動きができるようにしておきたいという思いもあり、引退後も欠かさず続けていたものです。

いつの間にか、ユニフォームを着る前のルーティンになり、退任した今は一番の趣味と言ってもいいかもしれません。

実は、6年間の監督生活でもっとも恥ずかしい失敗がジョギング中にありました。球場の外の坂道を走っていたとき、歩道を女性が自転車で上がって来たので、道を譲り、車道に一度出て戻った後です。つまずいて転んでしまい、そこで体をかばった右手のヒジが脇腹にゴンと入った。病院には行きませんでしたが、間違いなく骨折していたでしょう。1カ月ほどで治りましたが、不注意だったと反省しています。

選手には何も言いませんでしたが、それまでずっと打撃投手をしていたのが、いきなりやらなくなったので、「何かあったのかな」とは思っていたはずです。


走り終わってベルーナドームの監督室に戻る時間帯は、球場内の元気いっぱいの女性スタッフが、椅子を拭いたりしながら、お客さまの来場前の準備をしています。僕はいつも彼女たちに「おはようございます!」「こんにちは!」と挨拶をし、例えば、休憩でドリンクを飲んでいたら、「おっ、ティータイムですか。優雅ですね」などと声を掛けていました。

監督と言えば、とっつきづらい人という印象があったのか、最初はびっくりした顔をしていましたが、すぐ向こうからも気軽に言葉を返してくれるようになりました。彼女たちからは退団時に「声を掛けてもらってうれしかったです。6年間お疲れ様でした」と書かれた手紙をもらいました。

球場にある『アメリカン・エキスプレス・プレミアムラウンジ』で働いていた女性にも、試合前、置いてあるチョコレートをつまんで「今日も勝つからな。もらっていくよ！」と笑顔で声を掛け、勝ったら翌日の挨拶時、「昨日はありがとう！　今日ももらうよ」と、いつも冗談交じりの会話をしていました。

その女性には、退任直後の『LIONS THANKS FESTA』で再会して、「監督に会えなくなるのは寂しいです」と涙を浮かべて言ってもらい、こちらも危うくウルッとしそうになりました。

意識して明るく振る舞っていたわけではなく、僕のもともとの性格です。コーチや選手が厳しい表情をしているとき、「お、なんか空気が重くない？」とか、ポンと一言入れて雰囲気を変えるのも好きです。「監督らしくない監督」と思っていた人もいたでしょうが、逆に言えば「監督らしい監督」ってなんなのかなとも思います。

つじのじつ話　その2

選手のツッコミも茶髪も気にしないが髙橋光成は……

選手にはどんどん話し掛け、どんどんツッコミも入れていました。選手からのツッコミも「どんと来い！」です。試合中でも場面さえ選んでくれたら、まったく平気です。ちょっかいを出されたら、こっちも出し返します。

ただ、監督と選手の立場に加え、年齢差もあります。実際にツッコミを入れてくる選手は、そんなにはいませんでした。まったく物怖じせずにどんどん来るのは、2021年に育成で入団した水上由伸くらいでしょうか。

彼はなかなかのものです。僕がベンチで下を向いて考え事をしていたら、いきなり真顔で「監督、何か悩みがあるんですか」と言ってきました。びっくりしましたが、思わず笑っちゃいました。

水上は入団2年目の2022年にリリーフでフル回転し、最優秀中継ぎ賞と最優秀新人を手にしています。新人王が決まった際には、すぐLINEで「おめでとう」と送ったのですが、返事が、

「ありがとうございます！　そして……好きです!!」

ラブレターじゃないって！


僕のことを『奇跡を呼ぶ猛獣使い。』と書いたポスター（2017年ポストシーズンを前にしたもの）がありましたが、選手が猛獣というより、一度火がつくと止まらない打線もあっての命名だと思います。

茶髪や長髪の選手が多いこともあって、やんちゃな選手が多いという印象を持っている方もいるかもしれませんが、根は野球が大好きで素直な子ばかりです。

僕は少しくらい生意気なことを言われても気にしません。もちろん、一生懸命やっているのが前提です。おちゃらけているように見えても一生懸命練習をやっている、向上心を持ってやっている選手は、かわいくて仕方がありませんでした。

選手の髪型も「おっ、髪切った？」とかツッコミは頻繁に入れていましたが、「それはやめろ！」と注意したことはありません。唯一、もやもやして見ていたのは、髙橋光成くらいでしょうか。

2021年からゲン担ぎと伸ばし始め、一度は切りましたが、いつの間にかポニーテールにできるほどの長髪がトレードマークになりました。

ただ、「短くしろ」という意味ではありません。

「投げているときに邪魔じゃないかな」「シャンプーや乾かすとき大変じゃないか」という余計な心配です。２年連続２ケタ勝利（２０２１年11勝、２０２２年12勝）と結果も出してくれましたし、本人が問題ないと言うなら文句はありません。

いつの間にか今井達也もずいぶん長くなっていて、今度は平良海馬が〝チームロン毛〟に体験入部するとかしないとか。

みんな、ほんとは長過ぎて邪魔じゃないの？

つじのじつ話　その３

結成のきっかけは僕、感激した『劇団獅子』ラスト公演

『劇団獅子』も楽しかった。

試合前、僕がスタジアムＤＪに紹介され、ベンチで帽子を取って頭を下げる際のパ

フォーマンスが、いつの間にかそう名付けられていました。

僕が特別なことをしていたわけではありません。基本的には帽子を取ってお辞儀をしていただけです。2023年から北海道日本ハムファイターズに移籍している山田遥楓が中心だったのですが、僕の後ろから顔を出したり、EXILE風のダンスをしたり、僕の名前入りの応援タオルを掲げたりする。時々、山田がネタに苦しんで相談してきて、ダメ出しをしたこともありましたが、頑張って工夫していました。

何を隠そう、劇団結成のきっかけは僕です。控えが多かった山田と柘植世那、山野辺翔の3人が、それ以前から盛んに『使ってくださいアピール』をしてきて、僕の名前が呼ばれるとき、帽子を取り「監督、よろしくお願いします！」と頭を下げていました。「だったら近くに来て、一緒にやろう！」と声を掛けたことが始まりです。

一番覚えているのは、山田がスプレーを噴射させて、僕の顔を隠したときです。思わず、頭をパシッとたたいてしまいましたが、怒ったわけではなく、「よくまあ、こんな面白いことを思いついたな」と感心してです。

2022年10月2日、本拠地・ベルーナドームのペナントレース最終戦、つまり僕にとって最後の『劇団獅子』は、コーチ全員にお願いをし、みんなで集まって一緒に帽子を取って挨拶をしました。

まだ退任が正式に決まったわけではないし、クライマックスシリーズ（CS）に勝てばベルーナドームに戻ってくる可能性もありましたが、節目だと思ったからです。

山田が二軍にいたこともあり、『劇団獅子』は〝長期休演中〟だったのですが、息子に「最後なんだから、松井稼頭央ヘッドコーチと平石洋介コーチに頼んでやってもらったら」と言われ、「せっかくなら」とコーチみんなに頼みました。

あとで映像を見ましたが、みんないい笑顔でした。

あのときの温かい拍手は、今も忘れられません。

つじのじつ話　その4

見えそうで見えないのが理想のファンサービス?

監督1年目は千葉ロッテマリーンズや福岡ソフトバンクホークスの応援に圧倒されることもありましたが、1年目の2017年から2位、2018、2019年と連覇したこともあって、球場の応援がどんどん熱くなっていくのを肌で感じていました。途中からは、負けていないどころか、それ以上だったと思っています。

自分たちが負けていても、あの声援を聞くと勇気が湧いて、逆転できそうな気持ちになりました。相手チームは大したピンチではなくとも、追い詰められたような気持ちになっていたのではないかと思います。

それが2020年の新型コロナウイルス感染拡大で無観客になり、その後も来場人数の制限があったり、声を出しちゃいけないとか、この3年間はファンの皆さまも不完全燃焼だったと思います。

われわれも声援が聞こえない球場に寂しさがありました。それだけに2023年の大歓声は感慨深い。今は評論家の立場ではありますが、あのころのように体の奥底から力が湧いてくるようです。

コロナ禍の中、球団もLビジョンを使ったり、いろいろなサービスを工夫してやっていましたが、僕から提案したのは応援歌を流してもらうことでした。実際、音声が流れるだけで球場の雰囲気がガラリと変わり、僕らの背中を強く押してくれました。

これも息子のアイデアです。「絶対、流してほしい。みんなの力になるから」と言うので、球団に話をして、流してもらうようになりました。

僕の現役時代と比べ、Ｌビジョンも使い、応援は華やかになっています。応援グッズもたくさんあり、レプリカユニフォームを着て、いろいろな選手の名前入りの応援タオルを掲げている方もたくさんいます。歴代監督では初ということでしたが、僕の応援タオルもたくさん作ってもらい、今も講演に行くと、掲げてくれる人がいてびっくりします。

ただ、ファンサービスは難しいところがあります。

もし、球場に来た方に無料でグッズを渡したり、選手が握手会をしたり、至れり尽くせりのサービスをすれば、確かに喜んでくれるでしょう。

でも、それはあくまでファンサービスの一部です。

特に、グラウンドに立つ僕らのファンサービスは、さすがプロというプレーを見せること、最後まであきらめない姿勢で戦い、勝利、さらには優勝という結果を目指すことに尽きるのではないでしょうか。

選手というのは届きそうで届かない、あこがれの存在であってほしいとも思います。いきなり裸を見るより、見えそうで見えないほうがよくないですか。

失礼しました。例えがオヤジギャグでしたね（笑）。

つじのじつ話　その5

マスコットと日本で一番仲がよかった監督だった？

もしかしたら、僕は日本で一番マスコットと仲がよかった監督だったかもしれません。他球団のマスコットも含め、彼らを見ると、ついついちょっかいを入れたくなり、いつも一緒にわいわいと楽しんでいました。

埼玉西武ライオンズのレオとライナとは一番の仲良しで、ライナには5月5日の彼女の誕生日にスパチャ（スーパーチャット）を贈ったこともあります。監督退任直後には動画企画の忘年会（『ライナちゃんねる』）に呼んでもらい、焼き肉をごちそうになりました。ライナはかわいいし、レオは運動神経抜群。身内のひいき目も入れつつですが、2人は12球団ナンバーワンのマスコットだと思っています。

彼らはどんなときでも笑顔で（これは当たり前か！）、どんなときでも元気です。

僕は、どうしても前の試合を引きずったり、これからの試合のことを考え、試合前でも表情が厳しくなるときがあります。そんなとき彼らを見ると、「辻さん、気持ちを切り替えていきましょう！　選手もお客さまも見ていますよ」と言ってくれているような気がして、ふっと肩の力が抜けました。

忘年会企画では、僕がかつて在籍した東京ヤクルトスワローズのつば九郎と中日ドラゴンズのドアラも映像でメッセージを送ってくれました。彼らとも長い付き合いになります。リーグは違いましたが、交流戦で会うのを楽しみにしていました。

ベルーナドームの公式キャラクター、べるーにゃとも仲がよかった。2022年の年末、監督を退任してからですが、上尾のシティハーフマラソン大会にべるーにゃがゲストで来るというので、サプライズで会いに行きました。そこで、たっぷりしゃべった……じゃない。べるーにゃは話さないので、たっぷり筆談をしてきました。

べるーにゃは本当に野球が詳しく、野球をよく見ているなと感心することが多かった。もう僕は退任していたのに、ぬいぐるみとキャラクターのうちわ、そして手紙を送ってくれたこともあります。嬉しかったですね。

味方のマスコットだけではなく、相手チームのマスコットも含め、球場の雰囲気を盛り上げ、ファンの皆さまを楽しませてくれる大事な仲間だと思っています。

つじのじつ話　その6

監督に合っていたスーパーネガティブな性格

笑顔の印象と、打ちまくる打線から、僕を「現役時代は堅実なタイプだったが、指揮官としては意外とイケイケなのかな」と思っていた方もいるかもしれません。それは誤解です。僕はかなり慎重派、もっと言えば、スーパーネガティブな性格です。

ネガティブと暗い性格はイコールじゃありません。僕は楽しいことが大好きで、よく笑います。むしろ明るい性格だと思っています。もっと言えば、ネガティブだから攻撃的な野球をしないというわけではありませんしね。

ただ、普段はそうでもないのですが、現役時代から、野球に関しては一番最悪のケースを考え、いつも不安で仕方がありません。

大胆な人をうらやましく思うこともありますが、監督には悪くない性格かもしれないと思っていました。「なんとかなるだろう」と楽観するのではなく、最悪のリスクを想定し、それを回避する方法を準備しておかなきゃ安心できないということです。実際、「なんとかなるだろう」と思ってもなんとかならないのがこの世界です。

さらに言えば、野球は失敗のスポーツです。一つの試合の中で選手のミス、作戦の失敗は何度もあります。ネガティブな僕は失敗する可能性を常に頭に置いていますから、「あれ？　うまくいかなかった。おかしいな」じゃなく「こうなったか。じゃあ、次はこれだ！」と、すぐ次へと切り替えていました。

就任当初はすぐに切り替えざるを得なかったと言ったほうがいいかもしれません。前年まで3年連続Bクラスと低迷していましたので、想定した作戦がうまくいかないことのほうが多かった。失敗するたび、「あれ？　あれ？」と思っていたら、ずるずると泥沼にはまっていくだけです。「よし、次はこれだ！」「もう一度、やってみよう！」と思い切って開き直らなければ、前に進めませんでした。

ネガティブ・シンキングのよさをもう少し挙げておきましょう。

自分を過大評価せず客観視できるので、演技とは言いませんが、「こうすれば周りからこう見えるはず」という振る舞いができます。本当はドンと落ち込んでいても、周囲から自分がポジティブに見えるように振る舞うこともよくあります。

つまり、ハッタリがうまいのです。

ハッタリは、現役時代から得意というか、いつも心掛けていたことです。ネガティブとはイコールではないかもしれませんが、試合でいくら緊張しても、相手投手に苦手意識があっても、そういう感情を相手に見せちゃいけないのが昔のプロ野球の鉄則です。もともと緊張しやすい性格ではありましたが、緊張すればするほど、平気な顔をするように心掛けていました。

今でもそうですが、ネガティブな僕は、周囲からの言葉を必要以上に深刻に考え、悩んだり、落ち込んだりすることがよくあります。しかも落ち込むと、得意のハッタリで、それをバレないようにするため、逆にはしゃいだりします。知り合いには分かってしまうようで、「そんなに無理をするなよ」と言われることもあります。

ただ、だからこそ、人に気遣いができると思っています。

自分が落ち込みやすい分、相手が言われたり、やられたら嫌なことが分かります。それは絶対にしないようにしています。ミスをした選手への声掛けも否定的な言い方ではなく、積極性を引き出す言い方をいつも心掛けていました。

意外とネガティブ・シンキングは奥深いものです。

つじのじつ話　その7

グラウンドの感情は家には持ち帰らないつもりながら

現役時代、西武ライオンズ球場は当然ですが、神宮球場のヤクルトスワローズ時代も埼玉の自宅から通っていました。

試合では当然、喜び、悔しさと、いろいろな感情が出ますが、家族に心配を掛けたくありませんので、グラウンドの感情を家には持ち帰らないようにしていました。

もちろん、振り返らないというわけではなく、常に反省、研究はしています。監督になってからは、自宅に帰ってから、遠征なら宿舎に戻ってから、必ず試合の映像を見直し、気づいたことをノートに書くようにしていました。一喜一憂しながらではありません。冷静に反省し、次に何が生かせるか考える時間だと思っていました。

家で、いつも一緒だったのが息子です。結婚し、家を出てからもベルーナドームの試合は必ず球場で観戦し、その後、家に来て、僕と一緒に映像を見ながら、いろいろ質問をしてきます。こちらも気づかなかった細かいことを聞いてきて、びっくりすることも多々ありました。

僕と息子がこんな関係になったのは監督になってからです。中日ドラゴンズの二軍監督、コーチ時代は単身赴任でしたし、現役時代は常に野球を最優先にした毎日を送っていました。子育ての手伝いも家族サービスもできず、「優勝して、家族をハワイの優勝旅行に連れて行く」ことが自分にできる家族孝行と思っていました。嫁と息子には寂しい思いをさせてしまったこともあったと思います。

ちょこちょこ出てくる息子との関係については、本の最後に、なんと親子対談を掲載してもらっていますので、そちらもご覧ください。

後悔や不安をまったく引きずらないのかと言われるとそうではなく、ベッドに入ると、あれこれ頭に浮かび、時に眠れなくなったりします。

やっと眠りに落ちても、夢は野球ばかりでした。

今も僕が現役で、自分の出番なのにスパイクの紐がなかなか結べないとか、打席に入らなきゃいけないのに、ユニフォームを着ておらず、審判に催促され、「ちょっと待ってください！」と焦っている夢ですね。周りから「この年で野球できるのは辻さんだけですよ」と言われ、「あちこち痛いのに頑張っているんだよ！」と答えている夢もよく見ます。

「自分が現役だったら」「選手と一緒に戦いたい」という思いと、年齢と戦いながらやっていた現役時代後半の思い出が重なっているのかもしれません。

つじのじつ話　その8

選手時代はグラウンドで歯を見せたことがない

選手時代の僕を知っている人は、笑顔が多く、選手にツッコミを入れている『監督・辻発彦』を見て意外に思っていたはずです。

現役時代の僕は真逆でした。練習中もそうですが、グラウンドで笑うことはまずありません。常に厳しい顔をし、誰かが手を抜いたプレーをすれば注意をし、試合後のロッカールームで怒鳴ったこともあります。

守備に就くとき、守備からベンチに戻るときも、スタンドを見る余裕がないくらい必死でした。若い選手からしたら近寄りがたい雰囲気があったと思います。

西武ライオンズ時代の後輩・工藤公康君（前福岡ソフトバンクホークス監督）に言われたことがありますが、肉離れをしたとき、「試合を休みたくない。なんとかしてください」とトレーナーにお願いし、強烈な治療をしてもらったことがあります。

そのときトレーナールームから聞こえた僕の絶叫に、彼は「ここまでして試合に出続けるのか」と鳥肌が立ったと言いました。

ファンの方々の間でも「辻は笑わない」というのが定説になっていたようです。現役時代、女性のいる飲み屋に行き（たまたまですよ！）、そこにいた西武ライオンズファンの女性から「辻さんって笑うんですね」と驚かれたこともあります。

ですから、僕の監督就任が決まった際、3年連続Bクラスと低迷していたチームを厳しく引き締めていくと思っていた人は多いようです。

確かに就任会見を見たら、そう思われるかもしれない。今でもYouTubeで見ることができますが、かなり顔がこわばって、笑顔もまったくない。ただ、「これから厳しくやっていくぞ！」と思って怖い顔をしていたわけではありません。

はっきり言えば緊張です。初めて一軍監督という重責を任され、しかも、久々にたくさんのカメラ、大勢のメディアの前で話すわけですから仕方ないですよ！

あのときも、その後もですが、僕は監督だから厳しくしなきゃとか、偉いんだとはまったく思っていません。目線は常に選手と同じ高さです。それは最後までずっと変わりませんでした。

つじのじつ話　その9
表情の見えない西洋式のガチガチの鎧を着るまで

ここまで読んでこられた方は、僕が『監督・辻発彦』になったことで、本来のストイックな性格を隠し、あえて笑顔を見せ、明るく振る舞うようになったと思ったかもしれませんが、それは違います。

まず、僕の芯の部分は、小さいころからずっと変わっていません。頭の中は佐賀で生まれ育った野球少年のままです。野球が好きで、野球が楽しくてたまらない。現役時代もそうだし、コーチとして監督として、みんなで戦っていくことがすごく楽しかった。

試合に勝ったときだけじゃなく、『劇団獅子』のパフォーマンスがうまくはまったとき、笑顔になったファンの皆さまを見るのも、たまらなく嬉しかったです。

グラウンドだけじゃありません。もう還暦も過ぎましたが、「俺ってガキだな」と思うことがたくさんあります。楽しいことが好き、大勢でわいわい騒ぐのが好き、お笑い番組が好きで、冗談を言うのも大好きです。

特に監督ラストイヤーの2022年は、その芯の部分を出し、プロ野球に入ってから初めて、心から「野球を楽しめた」と思っています。

ただ、「野球を楽しむ」という言葉は誤解されやすいかもしれません。

当たり前ですが、選手と冗談を言い合い、ヘラヘラしながら試合をする、ではありません。勝ちたい、優勝したいという思いの中で、必死に練習し、試合に集中するのは大前提です。そのうえで、試合前のリラックスできる時間帯は冗談も言い、試合になれば、選手たちのファインプレー、勝利をともに喜び、敗北を悔しがると言えばいいでしょうか。

心の奥底まで野球に没頭し、自然と湧き上がる感情を隠すことがなくなったということです。

では、なぜ選手時代の僕は笑わなかったのか。

仲間たちに厳しく接したのか。

一つは黄金時代の西武ライオンズの厳しい環境で生き残るためでした。さらに、これはまた後程書きますが、引退後は指導者になりたいと思っていたこともあります。現役時代、走るのを嫌がった人が、コーチや監督になった途端、いきなり「走れ！」と言っても、選手は内心、「あなたが言うのか」と思うはずです。

もちろん、自分のことはさておきと割り切れる人もいますし、時がたてば、その指導者の現役時代を選手が知らないということも多いでしょう。

これは自分自身の覚悟のようなものです。指導者を志す以上、僕自身が、そのときやるべきことを妥協せず、やり抜かなきゃいけないと思っていました。

厳しく自分を律した日々の中で、いつの間にか本来の自分を覆い隠すような分厚い鎧を着けて戦うようになりました。それも、体だけじゃなく、顔も全部隠してです。

例えるなら、まったく表情が分からない西洋式の鎧でしょうか。この鎧を着て、野球に徹底的に打ち込みました。

だからこそ16年間の選手生活を送ることができ、指導者として、あちこちから声を掛けてもらったと思っています。

そこに後悔はまったくありませんが、半面、ずっと肩が凝るというのか、重荷を背負っていたような気もしていました。

それがコーチや中日ドラゴンズでは二軍監督もする中で、鎧が少しずつ軽くなっていきました。若い選手と一緒に汗を流しながら、彼らの力をいかに伸ばすかの面白さに気づいたからでもあります。重い鎧なんて着ていられません。自然と関節のあたりが金属製ではなく、動きやすいゴム製になり、どんどん軽量化していきました。

監督となった時点でも、まだ完全に脱いだというわけではありません。体にはまだ着ているけど、顔の部分は外したくらいだったでしょうか。

つじのじつ話　その10

選手とファンのおかげで鎧を完全に脱ぐまで

監督として無我夢中にやっていく中で、鎧がさらに軽くなり、最後の1年で、原点である『野球少年・辻発彦』に戻ることができました。

理由はいくつもありますが、まずは選手の力です。

強くなるには時間が掛かると思っていたチームが、監督1年目から、指揮する僕の胸が熱くなるような、素晴らしい試合を何度も見せてくれました。大差を終盤に逆転したりと、奇跡的な試合が何度もあり、1試合1試合選手が成長し、頼もしさを増していきました。

同時に、ファンの皆さまの笑顔や応援が、いかに力になるかも体感しました。

現役時代の僕は、声援の大きさや周囲の評価に左右されず、しっかり結果を出すのがプロだと思っていました。「プロは結果を出せばいい。出さなきゃいけないんだ」という考えです。監督になってからも「勝つことが一番大事」という思いは変わりませんでした。

とはいえ、ペナントレースで全勝はあり得ません。監督として初優勝の2018年も、88勝53敗2分けですから53試合の負けがあります。

就任以来、選手に言い続けたのは、「大差で負けている試合でも、最後までお客さまが席を立たないような戦いをしよう」ということです。全力を尽くし、あきらめず戦っている姿は、必ず見ている方々にも伝わり、喜んでもらえると思っていました。結果的に最後の最後で試合をひっくり返すこともあるし、力及ばず負けても、次につながるものが必ず生まれてきます。

その繰り返しの中で、チームは少しずつ強くなると思っていました。

ただ、「自分たちが頑張って喜んでもらう」という僕の考えは一方向でした。チームが一つになって必死に戦っているとき、いかに応援が力になるか、勝利の瞬間の歓声がいかに喜びとなるかを何度も体感し、一戦一戦、重ねるごとに、戦っているのはグラウンドにいる自分たちだけではないと思うようになりました。

そして、監督最後の1年となった2022年です。自分の中で『ラストイヤー』という覚悟もあり、今まで以上に、自分のすべてを出し切ろうと思いました。

そう腹を決めると毎日がすごく楽しくなりました。いつも「ファンの皆さまに満足してもらい、勝っても負けても、思い出になるような試合にしよう！」と思い、実際、素晴らしい試合がたくさんありました。「きょうは選手たちがどんなプレーを見せてくれるんだろう」と、わくわくしながら球場に行くようになりました。

退任の後、選手への最後の挨拶では「僕も現役のときは分からなかったけど、ファン皆さまの力がどれだけ大きいか、いつか分かると思います」と言いました。

これは心からの言葉です。

つじのじつ話　その11
監督室の全開のドアと選手との距離感

現役時代の西武ライオンズ球場は屋根のない屋外球場でしたが、現在のベルーナドームは、ハーフドームのような構造になっています。この球場の中に、選手のロッカールームがあり、さらにその奥には大きな監督室があります。

ほかの球団では、ほとんどの監督が監督室のドアをピシャリと締めているようですが、僕はいつも全開です。壁を全部取っ払ってほしかったくらいです。なぜなら、性格的に大きな部屋に一人で閉じこもっているのが寂しかったからです。開けておけば、誰も入ってこなくてもマネジャーの顔が見えるし、コーチの声も聞こえます。

加えて、こう書くと、「いつも聞き耳を立てていたのか」と言われそうですが、何気なく聞こえる言葉からのヒントは意外と多いものです。

監督室だけじゃありません。グラウンドやミーティングで、僕が声を掛けたときの反応、練習中、選手同士で話している会話も参考になります。

選手の表情、あらゆる言葉には必ず感情が出て、その選手を理解するためのヒントになります。普段から目と耳をフルに使って観察するということですね。これは監督にとって、とても大切なことだと思います。

別に生意気なことを言っていたから、あとで注意しようとか、そいつを使わないとか、そんな考えになったことは一度もありません。今、選手たちがどんな状態で、どんな気持ちでいるのかを観察し、その選手がより力を出すために、どういう接し方がいいのか、どういう声掛けがいいのかの参考にするだけです。

あとはコミュニケーションです。「おお、調子よさそうだな」「あれ？　髪、切った」とか、他愛もない言葉であっても、いつも声を掛けることで、選手が「監督は自分を見てくれているんだ」と感じてくれると思っていました。

声掛けについては僕の性格もあります。選手と同じ目線で話し、時にちょっかいを出すのが好きだったからです。結果的には、僕と選手との距離は、ほかの球団の監督と比べ、近かったと思います。

その中で一つの基準にしていたのが、球場外での食事です。

中日ドラゴンズ時代、落合博満監督は「絶対に選手と食事に行ってはいけない」と言われていました。僕も選手と球場外で食事をしたことはないですし、コーチにも同じことを言っていました。落合監督ほど厳しくはなく、ケースバイケースで「選手が『相談があります』と言ってきたらいいよ。ただ、そのときは僕に報告してからにしてほしい」とも付け加えていました。

選手と仲がよくなるのはいいことですが、一線を越えると、無意識のうちに、ひいきにつながりますし、誰がコーチと食事に行った、という話はほかの選手に必ず伝わり、やっかみにもつながります。

退任が発表された後ですが、たまたま源田壮亮夫妻と同じ店で出くわしたことがあります。向こうは最初気づかなかったので、「ゲン、肉うまいか？」とメールをしたらびっくりして振り向き、キョロキョロしていました。

もう監督ではないので、チャンスがあれば選手と食事をしながら「俺のこと、本当はどう思っていたの？」と聞いてみたいものです。

つじのじつ話　その12

監督はベンチで表情を出してはいけない！　けど……

一方で、選手もまた、必ず監督を見ています。しかもびっくりするくらいじっと。

会社であれば、上司と部下も同じではないでしょうか。上司の方から「私は部下をいつも観察しています」という話を聞くことがありますが、実際には部下の人たちも上司を見ていて、その表情や言葉を観察しているはずです。彼らは、こちらの表情や言葉から自分に対する評価を探り、安心したり不安になったりします。

試合でも練習でも緊張感は必要ですが、選手は不安の中で、いいプレーはできません。僕の若手時代であれば、エラーをした際、ベンチをちらりと見て、廣岡達朗監督が不機嫌そうな顔をしていたり、守備コーチと話をしていたとします。そうなると、「やばい。代えられるかもしれない」と余計な力が入ってしまいます。

もちろん、そういった重圧に負けないこともプロには大切です。僕自身、「廣岡監督の見ている前で力を出し切れたら本物だな」とは思っていましたが、廣岡監督がいらっしゃった2年間ではできたとは言えません。とても厳しい方でしたしね。

僕が監督時代は、試合中、ベンチで負の表情を出すべきではないと思ってやってきましたが、そう言いながらも、人間ですからとっさの感情を隠すのは簡単ではありません。特に監督1年目は、懸命に隠したつもりだったのに、「辻監督はベンチで表情が豊かですね」と言われてしまったくらいです。

息子から「人を殺しそうな怖い顔をしている」と言われたこともありましたが、あれは違います。もともと目つきが悪いんです。普段も笑っていないと「怒っているのですか」と言われることもありますが、そんなことはまったくありません。

言い訳をさせてもらえば、オリックス・バファローズの中嶋聡監督をはじめ、ほかの監督もみんなそうです。お互いに思っていることでしょうが、時々、相手ベンチの監督の顔を見て、「すげえ怒っているな」「悔しそうだな」と思うこともありました。

一つ勘弁してほしいなと思っていたのは、試合中継やニュース映像などの監督専用カメラです。選手のミスがあったり、得点を奪われたりすると、テレビで監督の顔をアップにしますが、直後は反則でしょう！

こっちも一瞬、顔に出て、「しまった！」と思って、すぐ元に戻すのですが、テレビは、その一瞬のほうを映してしまいます。選手だけではなく、視聴者の方々に感情がばれてしまったときもあったかもしれません。

2020年からマスクがあったのはよかった。息苦しかったり、面倒なことがたくさんありましたが、顔の半分以上を隠せたことはよかったと思います。

でも、2018、2019年の連覇はマスクがなかった時期ですから、ちょっとくらい感情が出たほうがよかったのかもしれないですね。

選手たちには「ベンチで笑うな」と注意をしたことはありません。

試合展開もありますが、得点の後、味方の素晴らしいプレーの後、試合中でも笑顔はまったく構わないと思います。もちろん、それが油断につながると思ったときは注意したかもしれませんが、試合中に冗談が言えるくらいのメンタルであれば、逆に頼もしいなと思っていました。

つじのじつ話　その13
嫌われたくない、好かれたいは上目線？

僕が仕えた監督の中では、廣岡監督、野村克也監督、落合監督の3人は、あまり感情を出さない方たちでした。

特に落合監督はまったく表情を変えない方でしたが、感情が出ていないわけではありません。

落合監督の場合は汗です。試合中、びっくりするくらい汗をかいていた。特に手汗ですね。監督席の横に置いてあるバスタオルで、いつも額や手の汗を拭いていました。それだけ監督という仕事は、試合に集中し、入り込んでしまうものです。

ただ、落合監督がすごいのは、それでも「どうってことないよ」という顔をいつもしていたことです。自分ができていたかどうかは別とし、指揮官たるもの常に堂々たる姿を見せなければいけないと勉強になりました。

廣岡監督、野村監督、落合監督は、ほとんど選手を褒めることもなく、一線を引いているように見えるタイプでもありました。

ただ、3人とも心の中に選手への愛情を感じる方でもありました。

廣岡監督はとにかく厳しく、選手を褒めることはまずなかったのですが、勝つことが結局、選手の給料を上げ、節制し、厳しい練習することが選手寿命を延ばすことにつながるという信念を持った方でした。

野村監督は、きついことをズバズバ言って辛口の印象もあるかもしれませんが、いわゆる〝ぼやき〟で、どこか愛嬌もあり、それほどきつく当たっているなとは思いませんでした。直接ではなく、マスコミを通しての発信も多かった方です。

落合監督の場合、『嫌われた監督』という本まで出ていますが、マスコミやフロントはともかく、選手やコーチに嫌われていたわけではありません。言葉数が少なく厳しい方でしたが、選手への気遣いもあり、僕も含め、選手、コーチが「この人についいていけば大丈夫」と思わせてくれる、ぶれない指揮官でした。

僕はどうだったでしょう。

自分では分かりません。これは周りが判断することだと思います。ただ、選手に好かれたいとか嫌われたくないとか思ったことは一度もありません。

それに「こう思われたい」と思うこと自体、上目線のような気がしませんか。監督は特別な存在だと思うから選手の評価が気になるのではないでしょうか。

僕が考えていたのは、同じチームで戦う仲間として、人と人の付き合いをしたい、ということだけでした。

選手は、どんな嫌いな監督の下でも打席に入ったら一生懸命打つし、一生懸命守備をし、わざとエラーはしません。それが野球人だからです。

第2章

つじのコーチング

指揮官としての辻流のスタイルに続き、
ここからは具体的な指導論に入っていく。
選手の心をいかにつかみ、
そして勝利に向けていったのか。

Coaching

つじのじつ話　その14

二軍降格の選手を前向きにさせる言葉

プロ野球の監督が最優先するのは、試合での勝利、そして優勝です。1年だけで終わるものではないので、先を見据えながら取り組んではいますが、1試合1試合、勝利を追求することにおいて一切、妥協はありません。

そのためには選手の気持ちを最優先とはいきません。スタメンを決める、選手を交代させる、二軍に落とすなど、シビアな決断が繰り返し求められます。

特に試合中の選手交代は、選手を気遣っている時間的な余裕がないことも多く、冷徹に映ることもあるかもしれません。

プロの世界では当たり前のことではありますが、だからといって、選手の気持ちを後ろ向きにさせたままでいるのは、本人のためにもチームのためにもなりません。

悔しさや挫折感を前向きな力に変えてもらうため、試合中は無理でも、試合後や練習などで、いろいろな言葉を掛けるようにしていました。

難しかったのは二軍降格の通達です。

ゲームの後、コーチとその日の反省、次に向けての話し合いをするミーティングを行い、必要とあれば選手の入れ替えを決めます。対象の選手は、その場に呼び、僕から選手に伝え、その後コーチから具体的な指示を出す流れです。

故障などであれば仕方ないと割り切れるでしょうが、調子が悪くても「次こそ、頑張るぞ」と思っているとき、出番が思うように回ってこないときの降格はショックだと思います。ただ、これも気持ち一つ。前向きに考えることで、もう一つ上のレベルに行くきっかけになることもあります。

ですから、一方的に「下で頑張ってこい」「はい上がってこい」ではなく、「こうこうこういう理由で二軍に行ってもらう。二軍では、こういうところを重点的にやってみなさい。それができていれば、またすぐチャンスを与えるから」と、できるだけ前向きになってもらえるように説明をしていました。

実は、「これはコーチの仕事じゃないのかな」と思うこともありました。

廣岡達朗監督時代は森祇晶さんが、森監督時代は黒江透修さんがヘッドコーチになり、その役割をしていました。これは昭和のスタイルかもしれませんが、２人が選手に厳しい言葉を掛ける、いわば嫌われ役を引き受けることで、チームとしては、いい形で回っていました。

ただ、監督から選手に伝えるやり方をやってみて、「これはこれでいいな」とも思うようになりました。選手への指示が2カ所からにならないからです。ミーティングで話せば、コーチも聞いています。僕の意思が選手だけではなく、コーチ全員に伝わります。コーチが別の場所で先に伝え、こちらが聞いていないと、もしかしたら違うことを言ってしまい、選手が迷ってしまうかもしれません。

つじのじつ話　その15

泣いたっていいんだ。きっと涙の数だけ強くなれるよ

二軍行き通達の話を続けます。

悔しそうな顔をしながらも「じゃあ、下で頑張ってきます」、あるいは言葉はなくても、こちらをにらみつけてくるような選手はまだいいのですが、涙を浮かべてしまう選手もいました。2022年であれば、新人左腕の隅田知一郎に「下でやってき

なさい」と言って、号泣されたことがあります。

彼は即戦力新人として期待されて入団し、初登板で初勝利を挙げた。でも、その後はいいピッチングをしながらも勝ち運がなく、負け続けてしまいました。

泣いたからと言ってメンタルが弱いというわけではありません。特に隅田の場合、「このままで終わってたまるか！」という強い気持ちが伝わってくる涙でした。

監督は選手の感情、例えばふてくされたり、涙を流したりというとき、その意味をしっかり理解しなければいけないと思います。決して、ふてくされたら生意気、泣いたらメンタルが弱いというわけではありません。

単に涙もろかったり、顔に出やすいということもあるし、むしろ野球に対し純粋に向き合っている選手のほうが感情が出やすかったりもします。

それを改めて感じたのは、監督退任後ですが、松島美空ちゃんという９歳で卓球のプロになった女の子が出ているテレビ番組を見たときです（年齢は放映時）。

彼女は、

「なんで一生懸命頑張れるの？」

という質問に対し、

「ファンの人は最後まで頑張っている人だけを応援する。だから私は最後まであきらめないで頑張る」

と答えていました。

凄いことを言っているな、と思いました。親御さんがいつも言っていた言葉かもしれませんが、彼女の心に染み込んでいるから、ポンと出たのでしょう。

番組を見ていたら、美空ちゃんは本当にすぐ泣きます。怒られたから怖くなってじゃない。悔しさからです。

相手が大人のプロ選手でも、負けると泣くし、ふてくされる。僕はそれが凄いなと思いました。誰が相手でもあきらめないから涙が出るし、悔しさのあまりふてくされた表情になるということです。

テレビで見ていたのですが、中国の選手と1時間半くらいの長い試合をし、最後は負けてしまった。途中、泣きながら、それでも必死にプレーしている姿を見て本当に感動しました。彼女は「中国の選手に勝てなかったらオリンピックの金メダルは獲れない」と言っていたけれど、凄くないですか。9歳で世界一を見据えているわけですから。

美空ちゃんの番組を見ながら、僕の頭の中にはずっと「涙の数だけ強くなれるよ」の歌詞が流れていました。

つじのじつ話　その16
コーチとのコミュニケーションは選手を迷わせないため

チームによって呼び方はいろいろですが、プロ野球のコーチは、ヘッドコーチ、投手コーチ、打撃コーチ、バッテリーコーチ、内外野の守備走塁コーチ、トレーニングコーチなどの役割分担があり、一、二軍、チームによっては三軍、福岡ソフトバンクホークスであれば四軍まであります。

現役時代、選手としての実績があった生え抜きのコーチ、選手としては無名でも指導手腕が評価されて他球団から来たコーチもいます。人によって性格や能力、経験の差もありますが、餅は餅屋です。専門分野はできるだけ任せ、あまり口を出さないようにしていました。

実際問題、監督一人でチーム全体を完璧に把握することはできません。一、二軍もありますし、一軍だけでも選手の人数は多い。キャンプでもグラウンドで守備や打撃を見て、ブルペンで投手を見て、となりますから、コーチに確認しなければ分からないことはたくさんありました。

特に僕は野手出身なので、ピッチャーはほぼ任せ、技術面については言ったことがありません。2022年であれば、豊田清コーチ、青木勇人コーチの2人です。

彼らが一番近くでピッチャーを見ていますので、先発ローテーションや継投も彼らに提案させ、僕が決断する流れにしていました。基本的には彼らの意見を尊重しましたが、プランを覆し、「ここで勝負をしよう！」と言うこともありました。

シーズン中だけではありません。投手陣であれば、シーズンを戦ううえで、誰を先発にし、どういうリリーフの役割分担にするかなど構想を立て、選手の適性、仕上がりを見ながら判断していく作業もあります。

新人、移籍選手、新外国人投手の見極めも含め、ピッチングコーチの意見を聞きながらキャンプ、オープン戦で確認作業をしていきます。

僕の監督時代であれば、2023年から先発に回った平良海馬は、ずっと先発希望でしたが、コーチの意見を聞いたうえで、「リリーフでやってくれ」と話をしました。非常に能力の高い選手で、おそらく当時から先発で使っても活躍してくれたと思いますが、あのときのチーム構成として、それがベストと判断したからです。本人も納得し、リリーフで素晴らしい活躍をしてくれました。

守備に関しては僕も本職でしたし、内野であれ外野であれ、基本的な考え方は同じです。走塁もそうですね。ですから、気づいたことは選手に直接話していました。

気をつけたのはバッティングです。打撃練習を見ていて、いろいろ言いたくなるときもありましたが、まずはこらえました。

これも選手を迷わせないためです。僕がコーチと違うことを言うと、選手が必ず迷います。バッティングは非常に繊細ですから、ちょっとしたことで自分のスイングを見失い、不振に陥ってしまうこともあります。

もちろん、そうは言ってもコーチのやり方が違うなと思うときや、僕だけが気づくこともあります。その際は、まずコーチに「何をどういう意図でやらせているの？」と別のところで聞いてから選手には言うようにしていました。

選手だけでなく、監督とコーチの関係もあります。

僕自身、2004年、横浜ベイスターズ（現横浜DeNAベイスターズ）で二軍の打撃コーチをやっていたとき、それまで、時に寮に泊まり込んでマンツーマンで指導していた選手から「監督からこうしろと言われたんですけど、どうしたらいいですか」と聞かれたことがあります。

今までやってきたことを覆すような指示だったので、監督に「それは勘弁してください。こちらにも考えがあってやらせていることですから」と言いました。

プライドの問題ではなく、選手が迷うからです。

つじのじつ話　その17

廣岡達朗監督は本当に褒めてくれていたのか？

打撃練習で単なる褒め言葉はよく言っていました。

カンカンと気持ちよく打っている選手に「おお、バッティングの調子いいね」から入れば、向こうも「はい」「そうですか」と気持ちいいはずです。若い選手は特に「ああ、監督が俺を見てくれているんだ」と思い、それも嬉しいと思います。自分も廣岡監督時代に経験があることです。

もちろん、なんでもかんでも褒めるわけではありません。レギュラークラスの選手はそんなことはありませんが、若手だと「ああ、監督が褒めてくれたんだから、これくらいでいいんだ」と思ってしまうこともあるかもしれません。監督の言葉の影響力の大きさをいつも頭に置きながら、適切な声掛けをしていたつもりです。

ただし、野球のことに限れば、です。リラックスしている時間帯には、思いついたまま気楽なツッコミもしていました。

褒め方のタイミングとして、意外と有効なのは、試合の後の勝利監督インタビューや監督の囲み取材です。

昔はパ・リーグの試合は新聞の片隅で、結果だけということも多かったのですが、今は12球団で大きな差はなく、話したことが、そのまま球団や新聞社のWEBに掲載されたりもします。選手は皆、監督が何を話しているのかに興味がありますから、必ず見ていると思います。

直接言うより、むしろ探るように深読みしてくることもあります。メディアの評価は一般の方も読みますから、その反応もある。直接言われる以上に、褒められていれば嬉しいし、批判されていれば悔しいはずです。

のちにまた触れますが、これはヤクルトスワローズ時代の野村克也監督から学んだことでもあります。マスコミをうまく使う方でしたからね。

僕は野村監督のように選手をチクチクとけなしながら刺激する高等技術は持っていませんから、そこで批判することはありません。

シンプルな言葉を意識し、「打ったのは××だけど、その前の四球の出塁と進塁打が大きかったですね」とか、メディアの向こうの選手に向かい、大事な部分をクローズアップして分かりやすく話すようにしていました。

選手のプライドもありますから、注意は選手と1対1のほうがいいと思いますが、褒め方は、いろいろな形があります。

少し脱線します。

廣岡監督から褒められたことがあるかのように書きましたが、実際には常に「ヘタクソ」と叱責され、唯一の褒め言葉が「誰にでも取り柄があるんだな」でした。ほかには、言葉にはされませんでしたが、時々、納得したような表情を見せ、そのとき「ああ、認めてくれたんだ」と勝手に思っていました。僕は叱責をバネにし、褒め言葉らしきものを聞き、表情を見て、そのたび小躍りするくらい嬉しかったのですが、今の選手に同じように接したらどうなるのでしょう。

一度、メンタル強めな選手に『廣岡流』を試してみてもよかったかもしれませんが、これは会社の上司の方にはお勧めできませんね（笑）。

つじのじつ話　その18

どんなときに強い言葉で注意するのか

今の時代、アマチュアスポーツで指導者のパワーハラスメントがよく話題になります。会社では部下を怒ることが難しくなったと言われています。

感情に任せて怒鳴りまくったり、鉄拳制裁は言語道断ですが、ちょっと強い言葉にしただけで、相手がすねたり、萎縮したり、あるいは、極端な例では、パワハラと言われ、大問題になるという話も聞きます。

職場であれば、以前は、怒った後、飲みの席でフォローするという流れもあったかもしれませんが、コロナ禍もありました。今は上司から飲みに誘われること自体、部下がストレスに感じ、断られることもあるようです。

プロ野球の世界は一般の企業とはまた違います。頑張って結果を出せば自分の給料にダイレクトに反映しますし、ダメなら簡単にクビになるシビアな世界です。さらに言えば、高校野球、大学野球で厳しい上下関係を経験してきた選手も多く、組織で動くことへの適応力はあります。

ただ、やはり若者気質の変化は感じます。自己主張の少ない、指示待ちのおとなしい選手が増え、注意された後、「ナニクソ!」と反骨心を持って向かってくるのではなく、萎縮して落ち込んでしまう選手も多くなっています。

しかしながら、それ以前の話として、選手を怒る必要がどれくらいあるのかという問題もあります。

自己啓発的な本を読むと「怒るんじゃなく、叱る」という話がよく出てきます。感情的になって相手に怒りをぶつける（怒る）のではなく、相手の成長を期待して強く言う（叱る）ということだと思いますが、僕はコーチ時代も含めて、選手に対し感情的に怒ったことは一度もありません。監督となってからは「怒る」だけじゃなく、「叱る」こともほとんどしていません。

コーチや中日ドラゴンズの二軍監督時代も同じですが、それは「プレーに関して」です。社会人として常識に外れた行動をしたときは、厳しい言葉で叱りました。例えば、玄関にスパイクがきちんと並んでいないとき、「これはなんだ！」と言って、すべて揃えさせたこともあります。

プレーについて強く言うとしたら、やればできることをしなかったときです。

例えば、内野ゴロで一塁まで全力で走らなかったとか、守備で無理と決めつけて送球を怠ったりしたときです。試合中は何があるか分かりません。相手の送球がそれたり、走者がつまずくこともあるかもしれない。自己判断であきらめてしまうと、ピンチをチャンスに変える可能性がまったくなくなります。

注意するときに大事なのは、選手の性格に合わせることです。「言うタイミングと言い方」はいつも気をつけていました。

直後がいいのか、1日たってからがいいのか、強めがいいのか、ジョークも交えながらがいいのか。選手の性格やそのときの表情を観察して決めていました。

強くと言っても、「なんでそんなミスをしたんだ!」と叱責するような言葉では、どうしても次の機会で消極的になったりします。反省は促しながらも「次は監督が言ったことを参考に、こうやってみようか」と前を向ける言葉を掛けたいと思っていました。

「××してはダメ」「××してはいけない」と否定的な言い方をしないことも心掛けました。「ダメ」とか「してはいけない」と言われると、そこだけを意識し過ぎてしまいます。例えば「低めを打ってはダメ」と言うと、意識が低めに行ってしまい、高めにも手が出なくなったりします。むしろ「高めを積極的に打っていこう」のほうがいいと思います。

つじのじつ話　その19

言うべきことは必ず言葉にして伝える

２０２２年、森友哉が試合途中で交代となり、ロッカールームでキャッチャーマスクを投げ、右手人さし指を骨折したことがありました。

彼にとってだけでなく、チームにとって大事な戦力が抜けてしまい、大きな痛手でした。

病院から帰ってきた森を呼んで「ケガをしてしまったことは仕方ない。でも、それはやってはいけないことだった。何が悪かったのかをしっかり自分で見つめ直し、二軍でケガを治してトレーニングして上がってきなさい」と言いました。

後程書きますが、僕も現役時代、怒りからベンチ裏の椅子を蹴り上げてしまったことがあります。今思えば、それでケガをしていたら、森とまったく同じことになりました。だから森の気持ちは分かります。交代に対してというより、自身の不甲斐なさに対するイラ立ちが大きかったと思います。

絶対にしてはいけないことでしたが、起きてしまったことは仕方がありません。一番落ち込んでいるのは本人だと思い、追い打ちをかけるつもりはありませんでした。ただ、言うべきことは言ったほうが本人も切り替えられます。これを糧にさらに成長してほしいと期待を込めて、少し強めに言ったつもりです。

このときに限らず、ミスや失敗の後、言うべきことは必ず言うように心掛けました。「言わなくても分かるだろう」とか「言葉にすると相手が傷つくかな」と見過ごしてしまうと、次にまた同じようなミスをしてしまう可能性が高くなります。チームの足を引っ張るだけでなく、結果的には、選手の現役生活を短くすることにもつながるかもしれません。言葉でしっかり伝えることは大切だと思います。

もう一つ、ミスをした選手に言葉を掛ける理由があります。

選手を一人にしないためです。

時代が違うので参考にならないかもしれませんが、僕自身の現役時代であれば、ミスをしたら、強い口調でもいいから、すぐ言ってほしいと思っていました。

黄金時代のメンバーは勝利に貪欲で厳しかった。傷のなめ合いなど、まったくしません。僕もほかの選手も、気の抜けたプレーやボーンヘッドに対しては選手間で注意をしました。

自分自身、気を抜いたミスは絶対にしないようにしていたつもりですが、いくら注意深くやっていても、必ず失敗はあります。

そんなときは、何も言われなくても、みんなが「お前のせいで負けたらたまらんぞ」と思っているのがすぐ分かります。ならば、その場で言葉にして言ってもらいたかった。そうすれば、こちらも「すみません！」と返し、その後に引きずらず、「よし、今度はしっかりやるぞ」と切り替えられたからです。

そのタイミングが絶妙だったのが、先輩でショートの石毛宏典さんです。こちらのミスがあれば、すかさず、「何をやってんだ！」と言ってくれました。おそらく僕の性格を分かってくれたうえだと思います。

今の選手も同じだと思います。「申し訳なかった」「失敗したな」と負の感情を一人で胸の中にためていると、風船と同じで、そのうちに膨れ上がって、いつかおかしな形でパンと割れてしまいます。適切なタイミングで言葉を掛けてやることは、ガス抜きにもなると思います。

つじのじつ話　その20

選手に気づかせるためのヒントとなる言葉を

注意するときの言葉について、もう少し付け加えます。明らかな怠慢プレーは別として、一生懸命やっていての失敗やミスに対しては、強い言葉ではなく、選手自身に「気づかせる」「考えさせる」ための言葉を掛けたいと思っていました。

なぜそうなってしまったのか、それを繰り返さないためにはどうしたらいいかを、僕の言葉をきっかけに自分自身で考えさせたいということです。

自分で考え、失敗の原因を理解することで、その先にすべきことも明確になります。油断があったなら今後は油断しないようにし、知識不足なら正しい方法を学び、技術が伴わなかったのであれば、一生懸命、繰り返し練習するしかないとなります。

ただ、特に若い選手の場合、それに自分で気づくのは簡単ではありません。

自分に足りないのは何か、なぜミスをしてしまったのか。修正のための方法も、最初が間違っていると、あとあとの誤差が大きくなります。ゴルフのドライバーと一緒です。最初が少しだけ曲がってしまうと、距離が出れば出るほど曲がりは大きくなり、時にはOBまで行ってしまいます。

間違えないように正しい方向に導くのが監督、コーチの役割です。ただ、そこからすべてを指示するのではなく、その先に何をすればいいのかは、選手自身に考えさせるのがベストだと思います。

つじのじつ話　その21

盗塁は積極的にさせ、成功しても失敗しても声を掛ける

盗塁はベンチがどうサインを出すかだけではなく、選手の意識が重要となる戦術です。積極性に加え、相手の隙を突く観察力と判断力も求められます。

サインは走者が出たとき、基本的には『グリーンライト』、つまり「いつでも走ってもいいよ」にしていました。盗塁は、相手バッテリーが意識するだけでもこちらが有利になりますから、チャンスがあれば、どんどん走ってほしかったのもあります。

積極的に攻めての盗塁失敗は、まったく問題ないと思っていましたので、「失敗を怖がるな。思い切っていけ！」という声をよく掛けていました。

ただし、「アウトになってもいいから走れ」ではありません。まずは試合状況を考えなければいけないし、一塁コーチからの情報や相手投手の癖から分かってくることもあるでしょう。いろいろなことを頭に入れながら、「カウント的にも次は変化球が来るはずだから」など、自分なりの条件が満ちたときに走るという形にしてほしいと思っていました。

ベンチから「ディス・ボール・スチール」（次の球で走れ）のサインを出しての盗塁が、選手にとって一番やりやすいのは分かります。失敗しても成功しても「サインどおりに走ったから」と思えますから、スタートも思い切って切れます。

走り切れない選手や絶対に走らなければいけないという場面では、ディス・ボールのサインを出すこともありましたが、いつもそれでは、いつまでたっても指示待ちの盗塁しかできない選手になってしまいます。

盗塁の際は成功したときも失敗をしたときも声を掛けるようにしていました。

成功の際は、ただ「よかったぞ」と言うときもあるし、「もう1球待ってもよかったかもしれんな」と言うときもあります。

失敗したときは「なんで失敗したんだ！」という叱責ではなく、「なんであのカウントで走ったの？」「あのタイミングじゃなく、もう1球待ったほうがセーフになる可能性があったんじゃないか」など時間をつくって対話し、選手が言葉にすることで状況を整理し、さらにその先を考えてもらえるようにしたいと思っていました。

気持ちさえ前向きにしていれば、失敗から学ぶことはたくさんあるからです。

つじのじつ話　その22
今は1球1球サインがあるが、本当は多過ぎる

サインの話をもう少し続けます。

今のプロ野球は1球1球にサインを出し、しかも細かい。例えば、無死か一死ランナー三塁で、バントのサインを出せば当然、スクイズです。それだけでいいと思いますが、今はセーフティースクイズとかプッシュとか指示を出しています。

二死フルカウントもそうです。走者は無条件で走るのがセオリーですが、その際も「走れ」のサインを出しています。僕は「いらないだろ」と思ったのですが、コーチから「選手に出してほしいと言われています。出したほうが選手は迷わないんです」と言われ、とりあえず出させていました。

先ほどのスクイズにしても、サインではなく、打者が相手守備陣の動きなどを見て、とっさに判断したほうが成功の可能性は上がると思います。ほかにもバッターに対してカウント3―0となった際、「待て！」のサインは出したくありません。選手自身が打たなきゃいけないと判断すれば打つ、待つべきなら待つ。それをサインなしで判断できるのがプロだと思うからです。

サインをベンチが出すにしても、選手が「この展開だからこうしなきゃいけないな。監督からこういうサインが出るはずだ」と思っているのと、「あ、サインが出た。バントしよう」「盗塁しよう」ではまったく違ってきます。試合状況を把握していれば、サインを予測できるはずです。そうなれば、準備が整い、成功の確率が上がり、さらにその先のプレーを考えることもできるはずです。

理想は監督が何もサインを出さず、選手自身が考え、選手が選択することです。もちろん、好き勝手にやるのではなく、勝つために何をすればいいのか、自分で判断する野球です。

つじのじつ話　その23
自分で考えることで要所要所の判断が的確になる

選手が試合状況をしっかり把握し、自分自身で考えるようになると、要所要所の判断が的確になり、より高度な野球ができるようになります。

西武ライオンズの黄金時代がそうでした。控え選手も含め、全員が守備でも攻撃でも自分の役割がしっかり頭にあった。個々の力があり、かつチームの勝利のために徹していました。だから普段はバラバラでも試合になれば1つになれた。プロとしてのチームワークができていたと思います。

バッティングであれば、一番打者はヒットであれ四球であれ、出塁することが最優先ですし、初回であれば球数を投げさせ、以降の打者に球種や球筋を見せる仕事もあります。もちろん、回の先頭ばかりではないでしょうから、走者を進める進塁打が要求されるケースも多く、右打ちも必要になります。

試合状況の判断ができる選手は、例えばクリーンアップでも、走者をどうしても進めなければならない場面では、指示がなくても右方向へのつなぎの打撃をしたりします。改めてWBCでの大谷翔平選手（ロサンゼルス・エンゼルス）を思い出してください。準々決勝イタリア戦のセーフティーバントはサインではなかったはずです。彼は自分の判断で戦うことができたからメジャー・リーグのトップ選手となり、あの大舞台でも輝くことができたと思います。

ただ、自分から「送りバントしましょうか」と言ってくる選手にさせるかどうかは監督として思案のしどころです。犠打は、走者を進める可能性が高い作戦ですが、アウト1つを相手に渡すことになります。

一度、森友哉が、相手が左投手でもあり、打てそうもないと思ったのか、ネクストで自信がなさそうな顔でベンチを見たことがあります。そこで「おい、バントするか」と言ったら「はい」と答えたので、送りバントをさせました。

ただ、森のバッティングの技術があったら、よほどの場面でない限り、送りバントはさせたくありません。ミートのうまいバッターですし、相手からしたら、バントしてもらったほうがラッキーだと思う状況もあるからです。

つじのじつ話　その24
自分が生き残るために自分の役割を果たす

僕の現役時代であれば、2年目の1985年だけは、廣岡監督に「バットを短く持って、とにかく引っ張れ」と言われ、そのとおりやって出場機会を増やしましたが、レギュラーに定着した森監督時代の翌1986年以降は、特に「こういう打撃をしなさい」という指示があったわけではありません。

クリーンアップに破壊力十分な選手がそろっていた黄金時代、多かった打順は、九番と一番でした。この打順は2つともほとんど同じです。九番と言っても1打席目の順番だけで、一番と同じくクリーンアップにつなぐ打順です。野球は今でもそうですが、クリーンアップの前に走者をためることで大量点につながります。塁に出て上位につなぐことが最優先の役割となる打順です。

ですから、出塁率を高めることと、つなぎの技術を徹底して磨きました。長打力のない自分のバッティングと打順を考え、それがチームのためにベストだと思ったからではありますが、同時に、自分がこれからずっとスタメンで使ってもらうために、どういうバッティングをすればいいのかを考えてでもありました。

いつも試合状況を観察し、自分の役割を果たそうと必死でした。サインがなくてもファウルで粘って球数を投げさせたり、走者がいたら、アウトカウントや点差もありますが、自分の判断で右方向を狙いました。

加えるなら、そういう状況になったとき、その仕事をしっかりこなすために、練習では右方向に打つ技術を磨き、自分の武器としました。これも誰かに指示されたわけではなく、自分で考えてです。

何事もそうだと思いますが、人に言われたことではなく、自分で必要性を感じ、考えて練習して身につけたもののほうが、しっかり体に染みついたものになります。工夫し、さらに上のレベルの技術になり、必ず自分を成長させてもくれます。

『自主性』も誤解されやすい言葉かもしれません。昔は「自由にやってもいいから、結果を出してくれ」という自主性の野球でしたが、今は選手がやりやすいようにコーチ陣が気遣いしながら「嫌なことをさせない」自主性になっています。

プロの世界における本当の自主性は、友達同士のような付き合いとは真逆の中で生まれるものだと思います。

つじのじつ話　その25

大物選手移籍は若手にチャンスを与えていこうと前向きに

監督の任期中、毎年のように主力選手がフリーエージェント（ＦＡ）、ポスティングシステムなどを行使して移籍し、これは他球団も同様ですが、故障で途中離脱となる主力選手もいました。

移籍は選手と球団の契約の問題ですし、ＦＡは選手が勝ち取った権利でもあります。自分から動いて止めたことはありません。

周りからは「大変ですね」と言われ続けましたが、僕は「大丈夫。必ず代わりに出てくる選手がいるはずです」と返していました。

強がりがなかったとは言いませんが、実際、いなくなったことは仕方ありません。「いたらよかったのに」「いてくれたら」と思い続けても、「やっぱり移籍やめました」と戻ってくるわけではありません。

ここでもネガティブな性格がプラスになります。「誰かが抜けそうだ」という話があると、「たぶん残ってくれるだろう」と思わず、「残ってほしいが、じゃあ、抜けたとき誰を使えばいいんだろう。それを今から考えて準備しなきゃ」となりました。

幸いFA、ポスティングシステムでは早々に決断してくれる選手が多かったので、こちらも切り替える時間の余裕がありました。開き直って新しい選手に目を向け、チャンスを与えていこうと前向きに捉えるようにしていました。

レギュラークラスが抜けることで、チームが活性化するのは確かです。控え選手にすれば、ビッグチャンスですからね。2019年、浅村栄斗が抜けた後、セカンドに入った外崎修汰が活躍したり、代わりに起用した選手が結果を出してくれるケースは多かったと思います。

これも周りから「なぜうまくいったんですか」と言われることが多いのですが、一番は選手の力です。抜てきされた選手が力を出し切ってくれた。控えでありながら、あるいは二軍でも、しっかり力を蓄え、チャンスで起用されたときの準備をしてくれたからこそと思います。

加えて、それだけの選手がいたということです。これは歴代のスカウトに感謝しなければいけないと思いますし、そういう意識づけをし、準備させてくれたコーチ陣の力もあります。

つじのじつ話　その26
中日ドラゴンズ二軍監督時代に磨いた選手を見極める目

最終的には、監督である僕が推薦してきた選手の適性を判断し、起用していくわけですが、うまくできていたように評価してもらえるとしたら、中日ドラゴンズの二軍監督の経験が大きいのかもしれません。

落合博満監督の時代でしたが、落合監督から電話で連絡があるのは一軍の試合の後で、「左の代打なら誰？」の一言だけです。

僕はそれに、「××がいいですね」と答えるわけですが、一軍の試合をしっかり見て、今、一軍で、どの役割の選手が足りないか分かっていなければ、推薦する選手を即答できません。常に緊張感がありましたが、選手を見極める力がずいぶん鍛えられたと思っています。

推薦する適任がいないときは、「今はいません」とはっきり言い、落合監督も「じゃあ、待つわ」と言ってくれました。

完全に「誰もいない」というわけではありません。一軍がどのような選手を求めてくるか予測しながら、推薦しようと思っている選手は準備させています。

ただ、タイミングもあります。声が掛かった時点の調子がよくないとき、まだ十分な力がないとき、「強いて言えば」というときは推薦しないようにしていました。いくらその選手に能力や可能性があっても、一軍に上がれば緊張もあります。悪いときに上げたら結果が出ないことのほうが多いからです。それではチームのためになりませんし、一軍半の選手は数少ないチャンスをいかにつかむかで、その後の野球人生が大きく変わります。上げるなら一番いい状態でと思っていました。

それを認めてくれ、待ってくれた落合監督の器の大きさも凄いと思います。

つじのじつ話　その27

一軍に上げた選手はそのときが旬。すぐ使え！

大事なポイントは、落合監督がそうでしたが、上げた選手をすぐ使うことです。二軍の監督、コーチが一番いい状態と判断して上げた旬の選手ですし、上げた直後は選手も張り切っています。すぐ使うほうが結果を出す確率も高くなりますし、使われたほうも悔いが残らないと思います。

調子が悪くて結果が出ないと、どうしても自分の中の言い訳にしてしまいますが、最高の状態で上げ、結果が出なければ、自分の技術が足りなかった、体力不足だったなど課題も見えやすく、「よし、それを克服し、次こそ結果を出すぞ！」という前向きな気持ちにもつながっていきます。

2022年で言えば、育成から支配下登録されたばかりの新人・滝澤夏央を即シヨートのスタメンで使ったことがあります。1試合目から好走塁で勝利に貢献してくれました。源田壮亮のケガで選択肢がなかったこともありますが、守備が安定していたので、安心して使えたこともあります。デビュー戦当時は18歳でしたが、堂々として大したものでした。小柄な選手ですが、芯の強さは相当なものだと思います。

一軍に上げた選手がすぐ結果を出すと、外れた選手だけでなく、ほかの控え選手たちに危機感が生まれ、競争になります。今の若い選手は仲がよく、ライバル意識があるのかないのか分からないときがありますが、表に出さなくても、一軍にいるような選手は必ず「試合に出たい!」という強い気持ちがあるはずです。

生え抜き主体で戦っていくチームは特にですが、競争は必ずチームの力にもつながっていきます。主力の流出で仕方なくしていたことでもありますが、選手層が決して厚いとは言えない中で、優勝争いに絡んでいけた原動力の一つだと思います。

つじのじつ話　その28

我慢強い起用ではなく、我慢するしかなかった？

よく「辻さんは頑固でしょ」と言われました。

否定しません。というか、かなり頑固です。

でも、「我慢強い采配ですね」と言われると、ちょっと考えます。

息子によく言われるのが、監督1年目、２０１７年の序盤戦です。外崎ら何人かの若手選手を抜てきしましたが、序盤はまったく結果が出なかった。僕は見ていないので分かりませんでしたが、ＳＮＳの世界では、

「なんで、あんな選手を使うんだ！」

とたたかれていたようです。

若手が成長するには、結果が出なくても試合で使い、見守る時期が絶対に必要です。絶対的なレギュラーがいない中で、まだ実績のない若手を、彼らの可能性を信じて使ったわけですから、ちょっと悪いだけで代えるほうがどうかと思います。

そんな簡単に代えるなら、最初から使わないほうがいいでしょう。

もちろん、結果が出なければ、控えに回したり、二軍に落としたほうが本人もリフレッシュできるかもしれません。でも、僕はかなりしつこく使い続けました。

そこが「我慢強い」と見られたのかもしれません。

ただ、もし福岡ソフトバンクホークスのように層が厚いチームの監督をしていたら、代わりはたくさんいますから、あっさり違う選手を起用していたかもしれません。当時のチームは違いました。

この年ではありませんけれど、ピッチャーの髙橋光成、松本航、今井達也を打たれても打たれても先発で使い続け、「我慢の起用」と言われましたが、これもまた、我慢というより、彼らしかいなかった。3人が試合で成長し、結果を出すのを信じて待つのがベストと思ってやっていました。

つじのじつ話　その29

あきらめの悪さの理由の1つとなったヒット

そう言いながらも、選手の見極めに関しては、ほかの監督以上にあきらめが悪かったのは確かです。

「もう代えたほうがいいかな」と思っても、「いや、もしかしたら次の打席で打ってくれるかもしれない（次の登板で抑えてくれるかもしれない）。最後の最後、あと1回のチャンスがあれば、変わるかもしれない」と思ってやっていました。

代わりがいないから我慢して使ったことがなかったわけではありませんが、基本的には「この選手は、すぐ結果が出なくても、チャンスを与えれば将来、チームの中心選手になってくれるだろう」と期待し、我慢というより、信じて使ってきました。

実際、その選手に一軍で活躍するポテンシャルがあったとしても、どんなきっかけで、どんな形でブレークするかまでは分かりません。

過去のスーパースター選手も、最初からではなく、首脳陣が我慢して起用しているうちに芽が出たり、レギュラー選手のケガなどでつかんだチャンスを生かし、ポンと上がってきたことのほうが多いと思います。

僕自身もドラフト2位入団ではありますが、1年目の1984年は41試合の出場で打率・209です。2年目は26歳を迎えるシーズンでしたし、セカンドでゴールデン・グラブ賞の常連となり、16年間もプレーする選手になるとは誰も思わなかったでしょう。

加えて、これもまた、中日ドラゴンズの二軍監督時代に強くなったものでもあります。育成の場である二軍だからこそできたことでもありますが、「次こそ！」と思って起用し続け、それこそ最後のチャンスで結果を出し、それをきっかけに大きく飛躍してくれた選手がたくさんいました。

印象的だったのが、のちにエースとなる吉見一起選手です。2007年のファーム日本選手権で読売ジャイアンツと対戦したとき、2点差で負けていた4回から登板させました。6回が吉見選手からの打順だったので代えようかと思ったのですが、「いや、この回までは我慢しよう」と思って打たせたらレフト前ヒット。そこから一気に4点を取り、逆転勝利でファーム日本一となりました。吉見選手は8回まで投げ、無失点で最優秀選手賞となっています。

勝利、優勝に加え、表彰までされたわけですから、大きな自信になったはずです。翌2008年の初めて一軍に定着しての2ケタ勝利（10勝）にもつながっていると思います。

一番重要なのは、その選手の可能性を見極める目だと思います。そのうえで、どういうチャンスを与えれば生かしてくれる可能性が高いのか、どういう声掛けをすればいいのか。悩んで悩み抜き、自分なりにベストの方法を選んできました。成功すれば、「自分の見方は間違っていなかったんだ」という自信にもなります。その積み重ねで選手を見る目が磨かれたと思います。

加えて、選手を見るときに大事だなと思っていたのが、先入観のない素直な心です。コーチ時代もそうでしたが、就任したばかりのときは必ず、「あの選手は生意気だから、すぐ調子に乗ってダメになります」「あの選手はメンタルが弱いので一軍では通用しません」と余計なことを言ってくる人がいましたが、「僕が自分で見て判断します」と言いましたし、そうしてきました。

うまくいかなかったこともたくさんありますが、選手がチャンスをつかみ、そこから急成長する姿は、指導者として大きな喜びでもありました。

つじのじつ話　その30

いつもレット・イット・ビー、理想の監督像はない

第2章の最後は、僕の考える『監督像』について書いてみます。

選手、コーチとして、たくさんの監督の下でやってきました。

プロ入り後は、球界で名将と言われる方々ばかりで、野球への厳しさ、選手への声の掛け方、メディアとの付き合い方など、それぞれの方からいろいろなことを学び、監督時代、参考にさせていただいたことはたくさんあります。逆に「これは違うな」とやらなかったことも数々ありました。

監督になってから何度となく受けた質問が「辻さんは、どの監督の影響が一番強いのですか」「どの監督に似ていると思いますか」です。

おそらく廣岡監督、森監督、野村監督、落合監督の名前を挙げて言ってほしいのだと思いますが、僕はいつも「特にありません」と答えていました。

結局、僕は僕です。辻発彦は辻発彦で、ほかの誰かにはなれません。

そもそも誰かを理想にして、そこに近づきたいと思ったこともありません。よく「自分らしく」と言っていますが、それも別に意識したわけじゃありません。いろいろな経験の積み重ねの中で、自分なりのスタイルが自然にできたと思っています。気がついたら自分らしい、自分にしかできない監督になっていた、ということです。

野球は理屈じゃありません。状況は常に変化し、守備、走塁、打撃とすべてにおいて、プレーヤーがその場その場で感じ、対応しなければいけないものがたくさんあります。

監督としてもそうです。時代が違えば野球も変わります。当たり前ですが、現役時代の西武ライオンズ黄金時代と、就任当時の投手力、守備力に難があり、打力だけがよかった埼玉西武ライオンズで同じ戦い方はできません。

ほかにも、メンバー構成、その時点のチーム状況、試合状況などによって、何がベストな選択かは違ってきます。マニュアルなど作りようがありません。

時代が変わり、野球が変わり、人も変わる。そして、そのすべてが日々刻々変化する。いつもそれを感じながら対応していかなければいけないと思っていました。

だから僕はいつもそのとき自分が感じたことを大事にし、行動に移してきました。
レット・イット・ビー、あるがままです。

第3章

つじのライオンズ監督時代

2017-2022

次に埼玉西武ライオンズ監督の
6年間を振り返っていく。
これまで話した「つじのスタイル」
「つじのコーチング」と
実際の戦いをすり合わせ、お読みいただきたい。

つじのじつ話　その31

意外だったが、嬉しかった古巣からの誘い

2016年、シーズンのスタートは中日ドラゴンズの二軍コーチでしたが、8月になって谷繁元信監督が休養となり、西武ライオンズ時代の先輩でもある森繁和コーチが監督に昇格、僕は一軍作戦兼守備コーチになりました。

その後、確か9月だったと思います。広島東洋カープ戦の前、広島市内の宿舎にいたとき、埼玉西武ライオンズの鈴木葉留彦球団本部長（当時）から電話が掛かってきました。

すぐ「もしかしたら」と思いました。この時期、他チームの編成の責任者からの電話となれば、大抵は〝人事〟の打診です。

案の定、「依頼したいことがあるんだ」と言われ、「コーチですか」と聞いたのですが、「コーチじゃない、一軍監督」。思わず「ええっ！」という声が出て「大丈夫なんですか。僕なんか呼んで」と答えました。

いきなり一軍監督と言われたことに加え、昔のいきさつがあります。僕は1983

年秋のドラフト会議で2位指名を受け西武ライオンズに入団し、9回の優勝、6回の日本一を経験しました。当然、愛着は強く、この球団で選手を終えたいと、ずっと思っていました。

しかし、1995年の最終戦、藤井寺球場での近鉄バファローズ戦が雨で流れた後、宿舎で呼び出され、「来季は選手としての契約はしない。二軍の守備走塁コーチになってくれ」と突然言われました。

この年、思うような成績は残せませんでしたが、まだまだチームに貢献できる自信はありました。チームが世代交代に動いているのは分かっていましたので、「給料がいくら下がってもいいので、1年だけ選手をやらせてもらえませんか。その後であればコーチも喜んでお引き受けいたします」とお願いしましたが、「それはダメだ」と言われました。

「今、コーチを引き受けないと、西武に戻れないかもしれないよ」とも言われましたが、最終的には自由契約にしてもらい、最初に声を掛けていただいた野村克也監督のヤクルトスワローズに移籍することにしました。

選択に後悔はありませんが、正直、後味の悪い移籍ではありました。

引退後もヤクルトスワローズ、横浜ベイスターズ、中日ドラゴンズと、コーチ、二軍監督でお世話になりましたが、前述のいきさつもあってか、西武ライオンズには縁がなく、正直、「もうライオンズのユニフォームを着ることはないのかな」とあきらめていました。

だから、声を掛けていただいたのは本当に嬉しかったのですが、コーチなら断っていました。コーチだと嫌とかそういう話ではありません。これまで中日ドラゴンズにお世話になってきましたし、森繁和監督の力になりたいという思いがあったからです。同じコーチならこのまま続けるべきだろうとも思いました。

ただ、一軍の監督はプロ野球人にとって頂点です。2年か3年で終わるかもしれませんが、そのあとにもつながる経験になると思いました。しかも愛するライオンズからの誘いですからね。

それまで一軍監督になりたいと思ったことはありません。いえ、なれると思ったことはありませんと言ったほうがいいかもしれません。

森繁和監督をはじめ、僕が一緒にやってきた黄金時代の面々が次々監督になっていました。知り合いから「辻さん、次は監督だね」と言われることもありましたが、「そんな簡単に言わないでくださいよ。プロ野球の監督は12人しかいないんですから」と答えていました。

もちろん、僕の一存ではいきません。まず森繁和監督に電話して、「そうか、分かった」と言ってもらい、そのあと落合博満GMに電話しました。

落合GMは中日ドラゴンズに呼んでくれた大恩人です。ダメだと言われたら、断わるしかないと思っていました。

そこでまず「コーチか」と聞かれ、「いえ、監督です」と答えたら「なら行け。コーチなら行かせんけどな」と、いつものように淡々とした口調で言われました。

つじのじつ話　その32

意識を変えなければ絶対に上には行けない

当時、埼玉西武ライオンズは2008年を最後に優勝には届かず、3年連続Bクラスとなっていました（5、4、4位）。戻るからには、以前のような『常勝軍団』

にしたいと思っていましたが、打線は秋山翔吾、浅村栄斗、中村剛也、栗山巧らがいて強力ながら、投手陣と守備力が今一つ。簡単ではないことは分かっていました。

ファンの皆さまへのお披露目は、秋に行われた『LIONS THANKS FESTA』です。球団から挨拶してほしいとお願いされ、びっくりしました。まだ正式契約もしてないのにいいのかなと思いながらも、「チームに関わる、すべての人の意識を変えていかないといけない」という話をさせていただきました。

チームは勝つ喜び、勝ちたいという気持ちが全員から湧き出てこないと強くなれません。そこをまず変えたかった。弱いチームはどうしても、負けたとき、「仕方ない。明日、明日」になりがちなのですが、それでは、いつまでも同じです。

さらに言えば、監督、コーチが何を言っても何をしても、選手に勝ちたいという意識がなければチームは絶対に変わりません。

1年だけでなく3年もBクラスが続いたチームです。思い切って個々の意識を変えなければ、このままずるずる行くだけ。絶対に上には行けないと思いました。

秋季練習中の選手に対しての初めての挨拶では「勝つために自分が何をすべきか考えてプレーしてほしい」と言い、加えて「自分がこの世界で生きていくために何をすればいいのか考えてみてくれ」という問い掛けもしました。

こちらから「こうしろ」と指示するのは簡単ですが、それより自分の武器は何かを自分自身で考え、足なら足、守備なら守備で「自分がこうなりたい」という目的を決め、そこに向かって頑張ってほしかったからです。そのほうが自分のやっていることに対し、責任を持てますから近道にもなります。

もちろん、独りよがりの間違った方向に行く可能性はありますが、そのときは僕やコーチが「そうじゃなく、こっちのほうがいいんじゃないの？」とアドバイスし、修正すればいいと思っていました。

つじのじつ話　その33

失敗した後も前向きな姿勢を取らせる

本格的には秋季キャンプからの参加となりましたが、そこで選手の技術や性格を把握し、春季キャンプにもスムーズに入っていけたのはよかったと思います。

選手を見ていて一番、感じたのは、投手、野手とも「楽しみな選手が多いな」ということです。この選手たちを我慢しながら使っていけば、必ず近い将来、『優勝』の二文字は見えてくると確信しました。

前述のとおり、監督としての僕の究極の目標は、かつての西武ライオンズのような常勝軍団、つまり長期的に強いチームづくりです。

そのシーズンだけを考えた戦いをすると、どうしても目先の結果を気にし過ぎて、常勝軍団の形につながっていきづらくなります。先を見据えて「このチームをどのような方向で伸ばしていくか」「選手をどう育成していくか」を考えました。

契約年数はありますが、「自分が監督を辞めた後はもう知りません」では、あまりにも無責任過ぎます。監督を引き受けた以上、自分が終わったとしても次の年、さらに次の年につながるようにしたいと考えていました。

もちろん、勝負の世界です。「この1年は育成。勝利にはこだわりません」とはいきません。リーグも違い、すべての試合を細かく見ていたわけではありませんので、就任が決まった後、前年までの戦い方を分析し、まずは今のチーム力、メンバー構成で、できること、できないことを見極めようと思いました。

前年の試合の映像などをチェックしていくと、相手が嫌がる細かい野球ができていませんでした。相手が「ここで、こうされたら嫌だな」ということを、ほとんどしなかった。それはホームランをもっと打つとか、三振を取りまくるとか、そういう話ではありません。走塁だったり、守備だったりで、意識して心掛け、練習して準備しておけばできることです。それはしっかりさせようと思いました。

すべてが最初からうまくいくとは思っていませんでした。3年間Bクラスで低迷していたチームですから、失敗は必ずあると覚悟していました。

問題は失敗した後です。まだ成長途中の選手が多く、失敗を恐れ過ぎてはマイナスになります。前向きに攻めていく姿勢は僕自身持ち続けたいと思ったし、選手にも持ってほしいと思いました。

同時に、1年目、自分の中でテーマにしていたのは『観察』です。

キャンプやオープン戦で選手の力や適性は分かりますが、いろいろなプレーに対する選手の反応や考えは、重圧の掛かる公式戦を重ねていく中でしか分からないこともあります。「この選手が悪くなる前兆はこれかな」とか「この選手はこういうとき、こうするのだな」など、徹底して観察し、早めに把握しようと思っていました。

つじのじつ話　34

投手王国の可能性、幸運だった源田壮亮との出会い

前述のとおり戦力的に明らかな穴もありました。

まずは投手力ですが、これは現時点では大きな穴ながら、将来的にはチームのストロングポイントになるかもしれないと思っていました。

入れ替わりで岸孝之選手が東北楽天ゴールデンイーグルスに抜けたのは痛かったのですが、左腕エースの菊池雄星が軸となり、野上亮磨、十亀剣、多和田真三郎がいました。若手では髙橋光成が成長しつつあり、ドラフト1位で、作新学院高で夏の甲子園の優勝投手になった今井達也も入ってきました。

何年か先に投手王国を築く可能性はあるなと思いましたし、何より投手力が安定しないと、常勝軍団はつくれません。将来への期待ではなく、達成しなければいけない目標でもあり、そのためにも我慢して先発を使って育てていこうと思いました。

もう1つの問題点が守備面の不安です。失策がとにかく多かった。特にショートです。前年の戦いを分析しても、ここが固定できなかったのが致命的でした。鬼﨑裕司、永江恭平、呉念庭、外崎修汰など、6人くらいで回していましたが、これではチームが落ち着きません。

大事なのはセンターラインと言いますけど、その中でも、もっとも重要なのがショートだと思います。センターに秋山、セカンドに浅村、キャッチャーに炭谷銀仁朗がいましたが、肝心のショートが流動的で、ショートのエラーや記録に残らないミスで負けることが多かった。

悩みましたが、春季キャンプで新人の源田壮亮の守備を見て、「これでいける。源田でショートを固定しよう!」とすぐ決めました。守備範囲が広く、堅実、スローイングもいい。打撃が課題という声もありましたが、そんなことはなかったです。足も速いし、一軍の投手に慣れたら、打率は残すだろうと思いました。

体が細かったので、無理をさせるとケガが怖いかなと思いましたが、練習を見ていたら思ったより体が強い。1年目に源田と出会えたことは、僕の監督人生にとって大きな幸運だったと思います。

前年はショートでも使われていた外崎も目を引いた選手です。足があり、打撃も勝負強い。試合で使ってみたいと思わせる選手でしたが、源田によって内野が埋まったので、この年は主に外野で起用しました。

つじのじつ話　その35

大味のようで大味じゃない。1点にこだわる野球

守備の不安は源田のショート定着で劇的に改善しましたが、投手陣はやはり時間がかかります。実際、この年に限らず、以後も打線が主導となって打ち勝っていく形が続きました。我慢しようとは決めていましたが、正直、「一体いつまで我慢すればいいんだろう」とため息が出そうになったこともあります。

野手も「何点取ればいいんだよ」と思ったことはあったかもしれませんが、取られたら取り返すという気持ちは、常に持っていました。投手からは、それに感謝しながら、悔しさと「次こそ、やらねば」という強い思いが伝わってきました。投打のバラ

ンスが悪いように映っていたかもしれませんが、チームとしてのバランスは取れていたと思います。

よかったのは、源田の加入で守備が堅くなり、エラーの失点が減ったことでしょう。試合のリズムも間違いなくよくなったと思います。あとは勝っていたことでしょうね。負けが込んでいたら、言葉にしなくても「もう少し頑張って抑えてくれよ」という思いが野手陣に生まれ、不協和音が出ていたかもしれません。

もちろん、そうならないための意識づけは監督である僕の仕事です。

大事なのは現時点のチーム力で、自分たちが勝つために何をすべきか、何ができるかということです。大事にしたのは『1点』です。

「あんなに打撃戦が多かったのに」と思うかもしれませんが、野球は相手より1点でも多く点を取れば勝ち。1対0でも11対10でも勝ちは勝ちです。

当時の投手陣は完璧に相手を封じ込めるまでの力は、残念ながらなかった。だから「うちの打線は3点取られても5点くらいは取ってくれる。1点は取られてもしょうがない。ただ、次の1点をいかに取られないか。それを考えていこう」と言い続けていました。

不要な1点を取られないようにしようということです。打者に対しては「1点取っても、それで終わりじゃない。次の1点をいかに取るか考えてほしい。10点を取っても11点目をいかに取るかにこだわる、その積み重ねが絶対勝利につながるぞ」と言いました。

大味に見えて大味じゃない。1点にこだわる野球です。

つじのじつ話　その36

理想としていた戦いができた2017年開幕戦

新しい埼玉西武ライオンズを象徴する戦いが開幕戦でした。

2017年3月31日、札幌ドームでの北海道日本ハムファイターズ戦です。先発の菊池の好投もあり、8対1で勝利した試合ですが、ランナー三塁から内野ゴロ2本で2点を挙げています。サンペイこと中村もボテボテのショートゴロでしたが、果敢にホームにかえりました。ヒットじゃなくても点が取れたのは大きかったと思います。ほかにも相手のエラーを突いての得点がありました。

守備では、大谷翔平選手の打球がライト線を抜いたのですが、このクッションボールを捕ったライトの木村文紀がセカンドの浅村、キャッチャーの炭谷ときれいにつなぎ、本塁で俊足の走者・西川遥輝選手を刺しました。

3人のうち、誰かがちょっとでも崩れたらセーフだったと思います。開幕からショートのスタメンで起用した源田も、中田翔選手の鋭い打球をダイビングキャッチし、素早い送球でアウトにしています。

走塁で相手の隙を突き、ヒットがなくても加点し、キャンプから積み上げてきたとおりの最高の守備ができた。僕が理想とする展開がすべて詰まっていました。これからも必ずいい戦いができるようになると確信しました。

終わってみれば、投手陣は菊池が16勝を挙げ、野手陣では源田がショートで全試合出場を果たし、37盗塁、打率・２７０で新人王も手にしています。ほかにも打線では一番打者の秋山が首位打者を獲得する活躍もあって、2位に入ることができました。夏場の13連勝も大きかった。あのときは負ける気がしませんでした。

想定どおり、打線が引っ張った1年ではありましたが、盗塁数もリーグトップ、失策は101から88に減らすことができました。クライマックスシリーズ（CS）では東北楽天ゴールデンイーグルスにファーストステージで敗れましたが、初年度としては、まずまずの結果と言っていいと自負しています。

2017年

チーム順位リーグ2位（打率・264①、防御率3・53③）※丸数字はリーグ順位

週刊ベースボール選定ベストオーダー

1（中）秋山翔吾
2（遊）源田壮亮
3（二）浅村栄斗
4（三）中村剛也
5（一）山川穂高
6（指）メヒア
7（右）外崎修汰
8（捕）炭谷銀仁朗
9（左）栗山　巧

（投）菊池雄星

つじのじつ話　その37
守備に難ありと言われた森友哉をなぜ正捕手にしたか

迎えた2年目の2018年、前年の2位もあり、次は優勝を目指すという気持ちは当然ありましたが、選手には「1試合1試合大事に戦う気持ちを持って、143試合を戦っていこう」としか言っていません。

手応えがなかったわけではありません。前年の戦いで個々が大きく成長し、間違いなく戦力はアップしましたし、選手の気持ちも、2位となったことで変わりました。もともと勝つことに飢えていた選手たちが、2位になったことで、さらに上を目指したいという思いになっていました。

選手の意識の変化は監督の僕にとって非常に心強いものでした。

言葉でいくら「変われ！」と言っても簡単に変われるものではありません。百の言葉より1つの勝利ではありませんが、勝利こそ選手の自信になるということを改めて感じました。

戦力的には、前年、先発で11勝を挙げた先発の野上と、リリーフで58試合に投げた牧田和久がFAで抜け、投手陣の不安はありましたが、前年同様、強力打線が若い投手を育てるような流れになれば、面白いと思っていましたし、そうならなければ勝てないとも思いました。

この年から森友哉を正捕手にしました。炭谷も経験豊富な素晴らしいキャッチャーですが、前年から僕は森をスタメンで使いたいと思っていました。

決めたのは、1年前、2017年の春季キャンプの第1クールの後です。このとき源田のショートと森の正捕手を決め、馬場敏史コーチに「開幕から使うよ」と伝えましたが、かなり驚いていました。

森は、それまでも打撃は高く評価されていましたが、経験が必要な捕手としての守備は今一つと言われ、DHや外野の控えでも使われていました。ただ、それではもったいない選手です。投手陣が力不足の中、森の打撃は絶対に必要です。課題と言われた守備面も肩が強いし、何より向上心がありました。炭谷もいるので、うまく併用しながら育てていけば、必ず花が咲くと思いました。

残念ながら開幕前のケガで出遅れ、本格起用はこの2018年からとなりましたが、期待どおり、この年は攻守で貢献してくれました。

正捕手に定着した後も、森はリード面に問題があるように言われることが多かったのですが、たまたま投手陣がこれから伸びる時期と重なったからだと思います。

打たれると、捕手がたたかれることが多いのですが、誰もがリードのとおりに投げられるわけではありません。本当に力のあるピッチャーなら、キャッチャーが誰でも抑えます。試合を重ね、経験を積めば、必ずリーグを代表するキャッチャーになってくれると信じて起用していました。

やんちゃなところもありましたが、野球に関しては、すごく素直で熱い男です。内野ゴロなどで一塁までタラタラ走ることもありましたけれど、試合で打たれたらすごく落ち込み、責任を感じて反省します。年下の高橋光成とバッテリーを組んだときは、試合の後、ロッカールームで長い時間2人で話し合っているのを見掛けました。

その都度、「こいつは必ず伸びる」と思いました。

コーチや先輩には友達みたいに慣れ慣れしく話していた森ですが、僕には「はい！」と背筋を伸ばし、答えてくれました。２０２３年、オリックス・バファローズ移籍が決まった後に会ったときも、「これからはしっかり走りなさい！」と言ったら、「分かりました。走ります！」と元気よく答えてくれました。

ユニフォームは変わりましたが、ずっと応援していきたい選手の一人です。

つじのじつ話　その38

強力打線は『山賊打線』か『獅子おどし打線』か？

埼玉・所沢移転40周年の２０１８年は、開幕から8連勝と好スタートを切り、9月の12連勝もあって10年ぶりの優勝を決めました。

記憶に残る劇的なゲームがたくさんあったシーズンですが、4月18日の北海道日本ハムファイターズ戦（メットライフ）はすさまじかったですね。8回表が終わった時点で0対8と完全に負け試合でしたが、8回裏に1点差まで追い上げ、9回に森の逆転サヨナラ打で勝利。あれはミラクルでした。しかもホームランじゃなく、シングル、シングルで、その中に四球も絡んでと、いろいろあっての逆転勝ちです。ああいう試合を重ねることで、選手たちの意識がさらに変わってきたと思いますし、ファンの皆さまの目も変わってきました。

「今年のライオンズは最後まで何があるか分からないぞ」と。

投手陣では菊池、多和田が頑張ってくれましたが、やはり打線で打ち勝ったシーズンです。相手チームのコーチから「何点リードしても試合が終わるまで安心できなかった」と言われたことがありましたが、投手陣が何度も逆転されようと、そのたび打線が爆発しての逆転勝利がたくさんありました。

最初は『山賊打線』と呼ばれていましたが、途中から『獅子おどし打線』という名前もできました。正直なところ完全に忘れていたのですが、後者は僕がつけたものです。『山賊打線』は、福岡時代の太平洋クラブ・ライオンズの異名なので、「新しい名前は何かないの？」と新聞記者に言ったら、「だったら監督が決めてください」になり、「獅子の後に、何かをつけてですかね」と言われ、「ししおどしかな。カーンって、いい音がするし」と答えた記憶があります。

この年、急成長したのが、四番に座って47本で本塁打王になり、打点も浅村の

127に次ぐリーグ2位の124打点を残したパ・リーグ最優秀選手（MVP）の山川穂高です。

山川は長打力が魅力ですが、ピアノを弾いたり、習字をしたりと、すごく器用な男で、だからバットコントロールがうまいのでしょう。

とにかく練習熱心な選手です。特にバッティングにこだわり抜き、全体練習の前、試合後と徹底して打ち込み、風邪をひいてもやっていたときもあります。何度か「休むのも練習のうちだよ」と言ったことがありました。

前年の2017年は開幕一軍で起用したのですが、追い込まれてからの三振が目立ち、本人に「次の打者につなぐ意識がなければ試合で起用しない」と言い渡し、二軍に落とした時期もあります。おそらく、悔しさから学んだのでしょう。夏場に戻ってからは打ちまくり、終盤は四番にも起用しました。

2018年は開幕から四番にしましたが、打つだけではなく、四球もしっかり選び、チームに貢献してくれました。

ただし、バッティングに集中し過ぎるためか、時々一塁守備では「おい、おい」というプレーもあります。でもエラーはするけど、その分、打ってくれます。プラスのほうがはるかに多いので、多少のミスは我慢しようといつも思っていました。

ただ……彼は一塁手だからベンチからよく見えるんですよね。打球に対してスタートが遅く、ボールが通り過ぎてから飛び込んでいることがある。その後、恥ずかしそうにベンチに戻ってくるんで、こちらがわざとらしく咳ばらいすると、照れ笑いを浮かべながらペコリとする……。

山川はエラーの直後はドンと落ち込むタイプです。だから、その日ではなく、翌日、「おい、昨日はなんでボールが逃げていったんだ」とか、いじりながらコミュニケーションをとるようにしていました。

つじのじつ話　その39
ここで終わるのか？　瀬戸際からはい上がった中村剛也

２０１８年に関しては、中村が思い出に残っています。本塁打王６回と実績がある選手ですが、前年から不振が続き、年齢も35歳となるシーズンでした。あの年は左肩の故障で出遅れ、さらに足が悪かったのもあって復帰後も体のキレがなく、気持ちの面でも折れかかっていました。見ていて、「このままならサンペイは今年で選手は終わりかもしれない」と本気で思いました。

山川の前に、ずっと不動の四番でチームに貢献してきた選手です。何度か打順を下げて刺激を与えましたが、表情を見ても暗かった。迷いましたが、最後は二軍に落とす決断をし、「走り込んで体のキレを取り戻したら、必ずまた呼ぶから、頑張ってこい」と声を掛けました。表情に出す男ではありませんが、悔しかったと思います。

ベテランを二軍に落とすと、あきらめてしまうのか一気に衰えてしまうこともありますが、彼は違うと信じていました。きっと、これをバネにしてくれるだろうと。

死んだ気になってやったのだと思います。バットも軽くしたようですが、一軍に戻ってきたら6試合連続本塁打もあり、97試合の出場ながら28本塁打と優勝に貢献してくれました。

自分自身の経験もあります。西武ライオンズを出された後のヤクルトスワローズで、古巣に対する意地もあり必死に頑張って結果を出しました。あのときは「クソ！」という思いがないとダメだったと思います。それが中村にもあると思ったし、なかったら本当に終わっていたかもしれません。

僕の場合は、ろうそくの火が消える前の最後の輝きのようなものでしたが、サンペイはそうじゃなかった。あれから5年がたちますが、まだ火は消えていません。

2023年は中村、そして同級生である栗山が40歳になるシーズンですが、まだまだ一線でできる技術と力を持った素晴らしい選手たちです。2人には少しでも長く現役で頑張ってほしいと思いますし、同時に、彼らが安心してユニフォームを脱げるような若手の成長も見たいと思います。


2018年の話に戻りましょう。ずっと首位はキープしていましたが、8、9月は競って厳しい展開となった時期もありました。優勝争いを経験したことのない選手も多く、相当な重圧だったと思いますが、意外と緊張はしていなかったようです。

重圧を一番感じていたのは僕かもしれません。記憶にないのですが、福岡ソフトバンクホークスと競っていたとき、家のソファでうとうとしていたら、息子から「大丈夫!」と真剣な顔で起こされたことがあったそうです。「『あしたのジョー』の最終回みたいな格好だった（分かりますよね。真っ白な灰になった状態です）。死んだかと思って心配したよ」ということでした。

確かに、どちらに転ぶか分からない神経が擦り減るような厳しい戦いが続き、心身ともに、かなりの疲労があった時期です。

ただ、途中から「最後はうちが勝てる」という予感めいたものが生まれました。とにかく尋常ではない勝ち方が何度もあったからです。神懸かり的な試合で逆境を跳ね返し、優勝に近づいていきました。

球場のお客さまがどんどん増えた年でもあります。外野席はぎっしりで、チャンステーマは、僕らも圧倒されるほどの迫力でした。

つじのじつ話　その40
CSの敗戦、僕はなぜ泣いてしまったのか

2018年は優勝こそしましたが、CSのファイナルステージは、2勝4敗（アドバンテージ1勝含む）で、福岡ソフトバンクホークスに敗れてしまいました。

その最後の試合が本拠地最終戦でもあったので、試合後、マイクであいさつをすることになったのですが、「悔しい……」とだけ言い、あとは大号泣。あんなに大勢の前で泣いたことはありません。僕自身、びっくりしました。

僕は選手時代、引退の際も含め、人前で涙を流したことはありません。引退後も、泣いたのは中日ドラゴンズのコーチを辞めるときに続いて二度目でした。のちほど触れますが、一度目は2011年、リーグ優勝をしながら落合監督の退陣が決まり、コーチ陣の大半が辞職となったときです。

でも、映像はダメですよ。あの日、1年間の振り返りが球場のLビジョンに流れましたが、当然、記憶に残る素晴らしいプレー、いい試合ばかりです。「このときはきつかったけど、選手がよく頑張ったなあ」とか、それを見ながら、いろいろ思い出し、ベンチでもうウルウルしていました。

これは悲しい涙じゃなく、悔し涙です。負けた悔しさ以上に、日本シリーズに行けなかったことです。日本一を決める球界最高の素晴らしい舞台で、12球団で2チームだけしか試合をしていない。

僕もさまざまな経験をし、自分自身を高めることができました。そこまで打撃成績がよかったわけではないのですが（打率・270）、1987年対読売ジャイアンツでの一塁からホームへの走塁、1992年対ヤクルトスワローズ戦で、広沢克己選手（現広澤克実）をホームで刺したシーンなど、幸運にも語り継いでいただいているプレーがあります。

だからこそ「選手たちをその素晴らしい舞台に連れて行き、いろいろ体験してほしかった。悔しいな」と思ったら、涙腺が完全に崩壊してしまいました。

家に帰ってきたら、息子が真っ赤な目で「あれはずるいよ」と言っていました。いろいろな人から「感動しました」「もらい泣きしました」と言われましたが、計算したわけじゃありません。自然な涙でした。

2018年

チーム順位リーグ1位（打率・273①、防御率4・24⑥）※丸数字はリーグ順位

週刊ベースボール選定ベストオーダー

1（中）　秋山翔吾
2（遊）　源田壮亮
3（二）　浅村栄斗

4（一）山川穂高
5（捕）森　友哉
6（右）外崎修汰
7（三）中村剛也
8（指）栗山　巧
9（左）金子侑司
（投）多和田真三郎

つじのじつ話　その41

大物3人が移籍も森友哉がさらなる成長でMVPに

2018年の優勝のあと、今度は菊池と浅村、炭谷が抜けました。もう毎年のことです。抜けたことで、これまで出場機会がなかった選手にもチャンスが生まれますから、マイナスに捉えることなく、前を向こうと思いました。

ただ、エースの菊池、打点王の三番打者・浅村、ベテラン捕手の炭谷と主力中の主力の3人ですから、当然、痛かった。特に浅村の穴は大きいと思いました。さすがにスタートは苦しむだろうと覚悟しながらも、4月を乗り切れば、代わりの選手が力をつけ、形になると自分に言い聞かせながらやっていました。

大きなプラス要素もありました。選手の意識です。2017年の2位で、「俺たちもやれる！」になり、前年の優勝で、さらに「よし！」となっていました。CSに負けたことも、最初は「悔しい」だけでしたが、少ししたら「今度は日本一！」になっていました。

捕手は森がさらに成長していましたし、浅村の抜けたセカンドには外崎がはまりました。キャプテンは浅村の代わりに秋山に任せ、結果から言えば、2019年は前年同様、打ち勝って連覇を飾ることができました。

森、中村、山川が100打点以上をマークし、森が首位打者、秋山が最多安打、中村が打点王、山川が本塁打王、金子侑司が盗塁王ですから頼もしい打線です。

パ・リーグ最優秀選手（MVP）にも輝いた森で感心したのは、これだけ打ちながら、守りの反省ばかりしていたことです。12勝1敗のニールはいましたが、前年最多勝の多和田の離脱もあり、規定投球回到達者が皆無で、2年連続リーグ防御率は最下位。自分が好機で打って勝った試合でも、投手陣が打ち込まれると、いつも悔しそうな顔をしていました。

この年は第二捕手として併用していた岡田雅利がケガで途中から抜けています。年上であり、仲のよい岡田の存在は、森にとって大きなものがありました。アドバイスを受けたりもそうですが、森が年下とは思えぬ物言いでどんどん突っ込み、それを岡田が、本当の兄のようにうまく受け止めていました。すごくいい関係だなと思って見ていたので、森への影響を心配しましたが、逆に頑張って一本立ちしてくれた。森の野球人生にとっても大きな1年だったのではないでしょうか。

つじのじつ話　その42

打順降格の山川穂高を救ったのは中村剛也の背中だった

独走ではなく、開幕3連敗スタートから130試合目で首位に立ったシーズンですが、浮上のきっかけになったのは、8月、山川を四番から下げ、中村を四番にしたことです。

打順を変えるのは勇気がいりました。前年の中村のときとはまた違います。山川は6、7月と調子を落としていましたが、四番に定着してもらわなくては困る選手でした。中村のように悔しさをバネにしてくれるかどうか、落ち込んでしまうのではという不安はありましたが、表情を見ても自信をなくしかけていて、このままでは、不振が長引くだけとも思っていました。

本当に悩みました。日々、「打順を下げて楽に打たせたほうがいいか」と思いながらも、「次こそきっかけをつかんでくれるかもしれない。もう少し我慢しよう」と思う繰り返しでした。

結局、8月11日の千葉ロッテマリーンズ戦（ZOZOマリン）から外す決断をしました。うまく回ったのは、中村の力だと思います。非常に状態がよかったこともあり、代わりに四番に座ってしっかり仕事をしてくれました。山川にすれば、それまで中村が、打順が何番になろうと、常に全力でやっていた姿を見ています。中村の背中を見て『四番の在り方』について、感じることも多かったと思います。

打線の復調とともに、ピッチャーも頑張りました。特に平良海馬、平井克典、増田達至らのリリーフ陣は頼もしく感じましたし、先発陣も踏ん張って、彼らにつなげるようになってきた。9月に入り投打の歯車がかみ合い、ようやく首位の福岡ソフトバンクホークスの背中が見え、最後に勝ち切って優勝となりました。

混戦ではありましたが、夏場以降の戦い方は、本当に強いチームの勝ち方だったと思います。例えば2022年、オリックス・バファローズと福岡ソフトバンクホークスが勝率で並び、対戦成績の差でオリックス・バファローズの優勝が決まりましたが、僕はずっと「オリックスは強いな」と思って終盤の戦いを見ていました。

力を出し切らない負けをつくらないというのでしょうか。「たかが1敗」と思うと、不思議なもので、最後の最後に「あの1敗がなかったら」ということになってしまいます。それがなかったのが、2022年のオリックス・バファローズであり、2019年後半戦の埼玉西武ライオンズでした。

連覇はうれしかったですし、選手の自信にもなったと思いますが、CSは4連敗で、またも福岡ソフトバンクホークスの前に敗退。前年の大号泣がありましたので、シーズン後の取材で、「なぜ今回は泣かなかったのですか」と言われましたが、別に前の年だって泣こうと思って泣いたわけじゃないですからね。
あえて自己分析すると、前の年はレギュラーシーズンで、常に首位を守って優勝をした。これだけ勝って優勝し、日本シリーズに行けなかったらという重圧を感じながらのCSだったこともあるでしょう。
この年の敗戦は、ただただ、ひたすら悔しいだけでした。

1勝に終わった多和田は、翌年以降一軍登板はなく、2021年限りで退団となりました。チームにとっても痛い離脱でしたが、それ以上に本人がつらかっただろうなと思います。今も野球は続けているそうですが、人生に絶対無駄なことはありません。そのときは苦しくても確実に糧になります。頑張ってほしいと思います。

2019年
チーム順位リーグ1位（打率・265①、防御率4・35⑥）※丸数字はリーグ順位
週刊ベースボール選定ベストオーダー
1（中）秋山翔吾
2（遊）源田壮亮

3（捕）森　友哉
4（三）中村剛也
5（二）外崎修汰
6（一）山川穂高
7（指）栗山　巧
8（右）木村文紀
9（左）金子侑司
（投）ニール

つじのつじ話　その43

痛かった秋山翔吾の穴、固まらなかった一番

2020年、秋山が海外フリーエージェント（海外FA）の権利を行使し、メジャー・リーグに挑戦となりました。いろいろ試しましたが、最後まで彼が抜けた一番に

はまり役がいなかった。結局、3連覇を逃し3位です。新型コロナウイルスの流行で、CSもファイナルステージだけだったので、3位では進出ができませんでした。

改めて感じましたが、一番・秋山の存在はチームにとって大きなものでした。うちの強力クリーンアップを考えると、相手は一、二番は絶対に出塁させたくないはずです。でも、そこに日本の最多安打（2015年216安打）をマークし、長打力もある秋山がいる。調子の良しあしはありますが、いるだけで相手バッテリーの気の使い方、疲労度は違っていたと思います。

途中まで無観客で、最後まで球場での歓声がなかった年です。山川は不振が続き、8月に故障離脱、森、中村も不振と、打線がまったく機能しませんでした。投手陣では先発が振るわなかった。120試合制の中、規定投球回到達は髙橋光成のみで8勝8敗。ほか先発陣はニール、松本航、今井と皆、負け越しです。

接触を避け、移動を減らすための同じチーム相手の6連戦も嫌でした。投手力の層が厚いかどうかが大きい差になってしまいます。あの年は、そこまで先発を揃えるチーム状況にはありませんでした。

ただ、防御率は3年連続リーグ最下位でしたが、前年に続き、増田らリリーフ陣が踏ん張ってくれたのは収穫でした。

つじのじつ話　その44

負けを一人で背負う野球の怖さを感じたミス

この年、森が号泣した試合があります。8月27日の北海道日本ハムファイターズ戦（メットライフ）です。僕は不振が続いた森をスタメンから外し、途中出場させましたが、そこから投手陣が打ち込まれて逆転されてしまいました。それを最後、山川がサヨナラ打で勝利に変えた試合です。

気持ちはよく分かります。自分の責任で逆転されたと思い、負けを一人で背負ったかのような怖さ。それを森は感じたのではないでしょうか。

彼の気持ちが分かったのは、現役時代の僕も同じような経験をしているからです。優勝争い佳境の終盤戦、バントのサインで失敗し、ヒッティングとなって併殺打になったことがあります。試合は敗色濃厚。僕は「ああ、終わった。これで優勝はできないかもしれない。俺のせいだ……」と青ざめました。

試合は秋山幸二選手のサヨナラ打で勝ったのですが、試合の後、ほっとした気持ち以上に、あらためて野球が怖くなりました。野球は個人プレーではなく、チームプレーです。自分のミスでほかの全員に迷惑を掛けます。分かってはいたことですが、大一番でやらかしてしまい、怖くなったのです。

家に帰ってベッドに入っても眠れず、もんもんとしていたのですが、夜中の2時くらいに電話が鳴りました。

嫁が出たら「森監督から」と。

そこで森祇晶監督が「何を落ち込んでいるんだ。今までお前のバッティングや守備で勝った試合が何試合あると思っているんだ。みんなそれが分かっているから、一つくらい落としたって何も言わないぞ」と言ってくれました。

すごく救われた思いがしましたが、もう一つ思ったことがあります。

みんな見ているということです。

自分が練習で手を抜いたりしたら、試合でミスがあれば、「ほらやっぱり」と思うかもしれない。それは嫌だと思いました。誰が見ても、あのミスは仕方がないと思うくらい練習しなきゃいけないと自分自身に誓いました。

それまでも、そういう気持ちは持っていましたが、野球の怖さを心底から感じたことで、さらにその思いが強くなりました。

絶対にしたくなかった失敗ではありますが、自分にとって大きな糧となったことは間違いありません。森もきっとそうだと思います。

2020年

チーム順位リーグ3位（打率・238⑤、防御率4・28⑥）※丸数字はリーグ順位

週刊ベースボール選定ベストオーダー

1（中）金子侑司
2（遊）源田壮亮
3（二）外崎修汰
4（指）栗山　巧
5（捕）森　友哉
6（三）中村剛也
7（左）スパンジェンバーグ

8（一）メヒア
9（右）木村文紀
（投）髙橋光成

つじのじつ話　その45

退任の記事にも「先」を見続ける

２０２１年は42年ぶりの最下位となってしまいました。

序盤から栗山、山川、外崎が次々離脱し、新人で一番に定着しつつあった若林楽人が5月末に左ヒザ前十字靭帯損傷で抜けたのも痛かった。結果的に一番打者で11人がスタメン起用というドタバタになってしまいました。

難しいシーズンでしたね。あとで聞くと、１０９通りの打順を組んだようですが、なかなかつながりが生まれなかった。強気の作戦で雰囲気を変えようかと思ったこともありましたが、チーム状態が悪いと何をやってもダメで悪循環となることも多かった。最後まで上がってこられませんでした。

それでも森が打率・309、リリーフの平良が開幕から39試合連続無失点という素晴らしい活躍をしてくれました。髙橋、今井、松本の3人も打たれながらですが、規定投球回に達し、髙橋が11勝、松本が10勝と2ケタ勝利を挙げています。

結果的に投手と野手ともに、たくさんの選手を使わざるを得なかった分、本当にたくさんの選手が一軍で貴重な体験を積むことができました。僕は下を向く必要はないと思っていました。

Bクラスが確定的になっていた終盤戦、知り合いの新聞記者から電話があり、「明日、『辻監督、退任か』という記事を出します」と言われました。

思ったのは、「ああ、そうか」だけです。経験上、こういう話は事実であることが多い。プロの世界は結果がすべてですから、そうであれば受け入れざるを得ません。

それでも最後まで戦い切るのが自分に任された仕事です。それはつまり、この年だけのことではありません。終盤、最下位でもいいと思ったわけではありませんが、若手を優先して起用したのも「先」を考えてです。

自分が指揮しているかどうかは別とし、就任時から目標とする常勝軍団に向け、この状況であれば、若手に経験を積ませたほうがいいだろう、という判断です。

結局、そのあと留任となりましたが、あらためて翌シーズンが大事になってくると思いました。

僕自身の進退がどうこうじゃありません。2年低迷が続くと、再びBクラスにどっしり腰を落ち着けてしまいかねない。もう一度、一からのつもりでやっていこうと思いました。

2021年
チーム順位6位（打率・239④、防御率3・94⑥）※丸数字はリーグ順位
週刊ベースボール選定ベストオーダー
1（遊）源田壮亮
2（中）岸潤一郎
3（捕）森　友哉
4（三）中村剛也
5（二）外崎修汰
6（指）栗山　巧

7（一）山川穂高
8（左）呉　念庭
9（右）愛斗
（投）髙橋光成

つじのじつ話　その46

完全燃焼の監督ラストイヤー

2022年は、最初から最後の1年という覚悟を持っていました。球団に何か言われたわけではありませんが、松井稼頭央二軍監督がヘッドコーチになり、彼への禅譲というシナリオが見えていたこともあります。

ただ、だからと気を抜いたり、腐ったりはまったくありません。強がりじゃありません。前述のとおり、就任のときから、自分が監督を務めている間だけ勝てばいいというのは無責任だと思い、何年か先を見て、チームづくりを進めてきました。再び常勝軍団にするための礎をつくることは、OBである僕の使命と思っていました。

だから、この年はとにかく一つでも上を目指し、悪い流れを断ち切ろう、全力でやっていかなければと、むしろ今まで以上に闘志を燃やしていました。

結果的には、序盤、山川、森の離脱もあって出遅れましたが、6月上旬から巻き返し、7月には単独首位に立ちました。大きな原動力は、ずっと課題と言われ続けた投手陣の成長です。手応えは感じていましたが、まさかいきなりリーグナンバーワンの防御率になるとは思いませんでした。少し古いですが、「びっくりポン」です（笑）。

リリーフは平良、増田、本田圭佑、森脇亮介らがいて、2年目の水上由伸にも手応えを感じていたので、それなりに計算できるだろうと思っていましたが、不安視していた先発ではエンス、與座海人の10勝は、まさにうれしい誤算です。

2年連続2ケタ勝利となる12勝を挙げた髙橋は、防御率も2・20とエースの責任を果たすピッチングをしてくれました。

僕は野手出身でもあり、投手陣の指導は基本的に投手コーチに任せていましたが、髙橋にだけは「必要なのは闘争心だ」と言い続けていました。あの大きな体があるのだから、気を感じさせながら打者に向かっていくだけで変わります。技術面じゃなく、打者が圧を感じるようなピッチングをしてほしいとずっと言っていました。

それが2022年は、あの長い髪をなびかせながら、できてきた。9月20日の東北楽天ゴールデンイーグルス戦（ベルーナ）で連敗を7で止めたピッチングはよかったですね。あの試合で負けていたら間違いなくBクラスだったと思います。

故障もあって1年間投げ切ったわけではありませんが、今井もよかった。141試合目の東北楽天ゴールデンイーグルス戦（楽天生命パーク）の1対0のピッチングは圧巻でした。

ただ、「ラストイヤーで1年目に言っていたように投手王国になりましたね」と言われると、「まだまだ。これからでしょう」と答えています。

まだ1年だけですからね。2年、3年と続けてよかったら本物です。

打線では山川です。離脱はありましたが、復帰後、四番として、本当にいいところで打ってくれました。3位に残れたのは、山川がいてこそと思います。

CSでは、またも福岡ソフトバンクホークスに負けました（0勝2敗）。レギュラーシーズンの後、「これから10勝すれば日本一」と思って、縁起担ぎで『十勝無敗』という焼酎を飲みましたが、当たり前ながら、そう簡単ではありませんでした。

全日程が終わり、退任。振り返れば、やり残したことはたくさんあります。作戦面で、ああしておけばよかった、と今でも思うこともありますし、2回優勝しながらいずれもCSで負けたことも悔しかった。

ただ、球団が僕という人間を評価し、監督に誘っていただき、やりたいようにやって連覇もしたし、最下位にもなった。結果は結果としてありますが、僕は自分のできることは全力でやり切ったと思っています。

加えるなら一緒に戦ってきた松井新監督が後任という安心感もあります。もちろん、彼は僕とはまた違う考えを持ち、また違う野球をするとは思いますが、ライオンズブルーの血が流れている仲間です。僕が届かなかった日本一、そして目指す常勝軍団の実現を期待しています。

2022年
チーム順位リーグ3位（打率・229⑥、防御率2・75①）※丸数字はリーグ順位
週刊ベースボール選定ベストオーダー
1（二）　外崎修汰
2（遊）　源田壮亮

3（捕）森　友哉
4（一）山川穂高
5（指）栗山　巧
6（三）中村剛也
7（右）愛斗
8（左）オグレディ
9（中）鈴木将平
（投）髙橋光成

つじのじつ話　その47

若いコーチを育てるのも監督の仕事の一つだが

6年間、たくさんのコーチに手伝ってもらいましたが、悲しい別れもありました。
2017年、監督初年度の森慎二コーチです。

体調不良で入院と聞いた後、すぐの訃報でした。まだ42歳。あまりに若過ぎです。6月28日、命日のたびに思い出します。一番ショックだったのは、投手陣だったと思います。投手コーチとして兄貴分的な存在でブルペンにいたわけですからね。あの年はベンチにユニフォームを飾りながら戦いました。

若いコーチも多かったし、コーチの育成も自分の大事な仕事だと思っていました。だから、選手以上にコーチにきついことを言うときもありました。

皆、マジメなのですが、経験不足もあり、臨機応変さがないと感じることがありました。投手コーチが、試合中、一生懸命1球1球、球種をノートにつけていたとき、「そんなの後でスコアラーとすり合わせればいいじゃないか。データがあるんだから！」と強く言ったことがあります。キャッチャーがベンチをうかがっていたのに気づかず、下を向いてメモを取っていたからです。試合は常に動いています。一瞬一瞬が大事で決して見逃してはいけません。

よく言ったのは選手に対してと同じですが、「失敗を恐れるな」です。失敗を怖がってばかりいては前に進めません。最終的な責任は監督である僕にありますから、思い切ったアイデアを出してほしいといつも思っていました。

あとは選手との距離感です。配慮は必要ですが、媚を売るようになってはいけない。時に厳しい態度で接することも必要です。さらに言えば、厳しい態度に出るときこそ、その中に選手への愛情がなければいけません。

ただ、戦術、選手の見極め、起用法などのベストは刻々と変化するものなので、そのときそのときで気づいたことを言っていただけです。野村監督のように長いミーティングをし、『野村ノート』を作らせたわけでもありません。僕自身がマニュアルや誰かのマネではなく、そのとき自分自身が感じたものを大事にしたいと思っていたこともあります。

選手への声の掛け方にしても、その選手の性格、タイミングなどにより、やり方はさまざまです。「こうだよ」と具体的に教えられるものではありません。

彼らには指導者にとって大切な観察する力、感じ取る力を自分自身で磨いてほしいと思い、そのための言葉を掛けてきたつもりです。

恵まれていた選手たちとの出会い

改めてになりますが、埼玉西武ライオンズの監督時代、僕は選手との出会いに恵まれていたと思います。

まずは、同期と言うと、「一緒にしないでください！」と言われそうですが、2016年秋のドラフト会議で指名され、一緒にチームの仲間入りをした選手たちがいます。2位の中塚駿太は引退してしまいましたが、今井、源田、鈴木将平、平井克典、田村伊知郎と皆、チームを支える選手として今も頑張っています。大豊作ドラフトと言っていいでしょう。まだ監督に就任していなかったので、ドラフト会議での選手の選考に意見を出したわけではありませんが、だからこそ運命を感じます。

特に源田との出会いは大きかったですね。彼をショートに固定できたからこそ、その後があった。2023年のWBCの試合前練習で、僕が源田と話していたら、福岡ソフトバンクホークスの甲斐拓也選手が、源田に「お前いいな。監督にあれだけ『源田が来てくれて優勝できた』と言ってもらえて」と言っていましたが、紛れもない事実です。攻守走で欠かすことのできない選手でした。

ただ、源田はちょっと不思議な男でもあります。マジメでいつもニコニコしている好青年。みんなと仲良くでき、敵をつくらないのは凄いと思いますが、ほんとは何を考えているのかなと思うことがありました。柔らかい笑顔の下に、まったく違う源田がいたりして（笑）。

秋山も印象深い選手です。嫁には「あなたに似ている」と言われるのですが、生真面目で野球には決して妥協しない男です。彼は今の選手には珍しく、チームメイトに言うべきことはどんどん言っていました。普通は面倒だったり、嫌われたくないと思うのでしょうが、メンタルが強いのかズバズバ言っていました。

ただ、彼は逆に後輩から「秋山さんこそ、あのときはどうしたんですか」と言い返され、たじたじになっているときもあり、距離感がいいなと思って見ていました。

２０２２年途中、メジャー・リーグから広島東洋カープで日本球界に復帰したときは、発表前に「こういう事情で広島を選びました」と連絡をくれました。

この原稿を書いているのは２０２３年序盤戦ですが、首位打者を狙う勢いで打ちまくっています。彼は今、35歳で、僕が首位打者になった年齢でもあります。体力面の衰えを少しずつ感じ始めているかもしれませんが、技術的にはさらに磨かれていると思います。ぜひとも僕ができなかった両リーグ首位打者を狙ってほしいものです。

秋山は間違いなく、引退後はユニフォームを着てコーチ、監督となっていく男です。彼にとって、今、セ・リーグを経験していることは、これから大きな財産になると思います。MLB時代も含め、さまざまな経験がすべて糧となっていくはずです。

ほかにも書いておきたい選手との逸話はたくさんありますが、それだけで、もう1冊本が書けてしまいそうなので、また別の機会とさせてください。

6年間で強く感じたのは、監督、コーチの力は大したことがないということです。結局、グラウンドでプレーするのは選手です。僕らはその手助けをすることしかできません。

連覇にしても、僕の力で勝たせたとは1ミリも思っていません。選手が勝ちたいと思って戦ったことが原点であり、すべてじゃないかと思います。

ですから、今も感謝しかありません。選手のおかげで2度も優勝させてもらい、胴上げもしてもらいました。カッコつけるわけじゃなく、本気でそう思います。

第３章
つじのライオンズ監督時代

第4章

つじの鎧

第1章でも触れた分厚い鎧。
ここでは佐賀県で生まれ育った野球少年が、
どのようにして、
それをまとうようになったのか追っていく。

1958-1999

つじのじつ話　その49

いつ切れるか分からない糸の上を歩く

僕は１９５８年10月24日、佐賀県の小城市で生まれました。小さいころから野球が大好きで、父の運転するバンで平和台野球場の西鉄ライオンズ（現埼玉西武ライオンズ）の試合をよく見に行きました。

体が小さく、中学を卒業したときでも１６１センチでした。これでは高校で野球を続けるのは難しいかとも思いましたが、このまま野球をやめたくないと、地元の佐賀東高に入り、３年間、一生懸命、野球に打ち込みました。

甲子園に行くこともできず、全国的には、まったく無名の選手でしたが、幸い社会人の日通浦和（埼玉県）に入ることになりました。

こう書くとあっさりしていますが、当時の僕の野球人生はいつ切れるか分からない細い糸の上を歩いているようなものでした。

高校時代、父親が椎間板ヘルニアで働けなくなって家にいるようになり、母親がパートに出るようになりました。野球は道具などでどうしてもお金がかかります。野球を続けられないと覚悟し、部長、監督に相談しましたが、なんとか続けさせてもらいました。市からの援助もあったと聞いています。甲子園には届きませんでしたが、キャプテンをさせていただき、充実した3年間を送ることができました。

大学に行く経済的な余裕などまったくありませんから、地元で軟式野球が強かったJA（当時の農協）の入社試験を受けましたが、落ちてしまいました。

そのときは悔しい思いもありましたが、もし受かっていたら、どうなっていたのでしょう。また違った人生が開けていたとは思いますが、野球は軟式で終わっていたはずです。

プロに入ってからJAの方とお話をする機会があり、冗談で「あのとき私を獲ってもらわなかったおかげでプロに入れました」と言ったら、向こうの方も「ああ、それはよかったですね」と言われて大笑いをしていました。

日通浦和からテストをしてもいいという話をもらったのは不思議な縁があります。野球部の先輩のお兄さんが佐賀県鳥栖市で教師をされていて、その教え子の方が、たまたま日通浦和の監督の下で働いていたそうです。先輩が頼んでくれたのだと思いますが、なぜその人が、大した選手じゃない僕を監督に推薦してくれ、テストをしてもらえるようになったのかはよく分かりません。

祖父に連れられ、浦和まで行って野球部のテストを受けましたが、まったく打てないし、守りも大したことはない。これは落ちただろうなと思ったら、このときもまた、どこがよかったのか分かりませんが、合格の連絡をいただきました。

すべてが紙一重で野球人生がつながっていきました。

つじのじつ話　その50
大きな糧となった都市対抗予選のしびれる経験

僕の野球人生の中で、日通浦和での社会人時代は大きな礎になっています。負けたら終わり、個人の成績よりチームの勝利という野球を7年間できたのは、「選手・辻発彦」「指導者・辻発彦」の両方にとって大きかったと思います。

特に都市対抗予選です。7年間、都市対抗に出るための苦しみを体験しました。全部出られたからまだよかったのですが、出られなかったときの肩身の狭さは、ほかの会社の選手から聞いて感じていました。会社の宣伝にもなる都市対抗出場を期待され、仕事を途中であがらせてもらい、応援もしていただける。特に日通浦和は、都市対抗は出て当たり前とも思われていましたから、なおさらプレッシャーです。朝、歯を磨いていると、吐きそうになるくらいの緊張感が常にありました。

日通浦和の同期入社は、高卒が僕を含め3人、大卒が3人です。高卒組の中で、僕だけは九州出身でしたが、ほかは関東出身だったので、休みは家に帰って、寮にはあまりいませんでした。僕は近くに知り合いもいませんから、ずっとどこにも行かず、休みの日も一人でできる練習をしたりしていました。

寂しいとかはまったくなかったのですが、同期の大卒の先輩3人が「お前、行くとこないのか、かわいそうだな」と言ってくれ、休みには「お前も行くか」とドライブに誘ってもらったりしました。

ただ、そこは野球部です。例えば、「河口湖に行こう」となっても、車の後ろには必ずバットが積んであり、広場みたいなスペースがあると「おお、スイングするぞ」と素振りを始めます。周りはデートで来ているカップルもたくさんいましたから、「変なやつらがいるぞ」と思っていたでしょうね。

本当に野球が好きな先輩たちで、休日でも「バッティングセンターに行こうか」となり、すべての基本は野球でした。社会人1年目（1977年）は、そんな先輩たちのおかげで、楽しい思い出がたくさんできました。

つじのじつ話　その51

「今年ダメならクビだぞ」とマネジャーに脅かされて

ガラリと変わったのが次の年です。このときは新たに9人が入社したのですが、全員が高卒で全ポジションいました。しかも、甲子園に行ったとか、強豪校のクリーンアップを打っていたとか、実績がもの凄い。会社としては、彼らをこれからの軸にしようと思って獲ったのだと思います。

実際、マネジャーからは「見たか、今年の新人。凄いやろ」と言われ、冗談半分ではあると思いますが、「今年ダメだったらクビだぞ。頑張れ」と脅されました。

もちろん、それまでも一生懸命やっていましたが、それからはさらに必死にやりました。夕食の後、ボール磨きなどの雑用もあったのですが、それが終わってからバットスイングをしたり、足を速くするには腕を速く振ったらいいんじゃないかと思い、軽い鉄アレイを持って腕を必死に振ってみたりと、できる限りのことをやっていました。夜も休日も、部屋でゆっくりしていた記憶はありません。

あの1年ほどで足もかなり速くなりましたし、パワーもついたと思います。これもまたタイミングです。僕は、先ほど触れたように体の成長がおくてで、中学までは体が小さく、高校になってから身長が伸びて、3年生で177センチになりました。さらに社会人になってから182センチになり、体重も63キロだったのが、73キロと10キロくらい大きくなっています。

まだ、体に伸びしろがあったわけです。体が出来上がっていくときに一生懸命練習をしたからこそ、いろいろなことがぐんと伸びたと思っています。社会人になってから足が速くなった選手というのも、そうそう聞かないですしね。

練習試合で使ってもらえるようになり、3年目の1979年スポニチ大会からスタメンで出るようになり、準々決勝だったと思いますが、逆転2ランを打ちました。『日通浦和の辻』という名前が少しは世の中に出た、いわば名刺代わりの一発です。

仮にですが、僕が高校時代から目立つ選手で甲子園にも出たとします。そうすれば高校を出るときにプロのスカウトから誘いがあったかもしれませんが、体も小さかったし、ドラフト外か、指名されても下位で、入って2、3年で終わっていたのではないでしょうか。

人は皆、成長のタイミングも経験も違います。僕にとって、社会人経由の25歳のプロ入りは、遠回りのように見えて、遠回りじゃなかったと思っています。

つじのじつ話　その52

辻発彦は「日通浦和の奇跡」？

当時、午前中は会社での仕事があり、それから練習ですから、慌ただしかったです。僕は浦和と同じ埼玉の与野の勤務だったからまだいいのですが、東京に通っている選手は通勤時間も掛かるし、大変です。毎日、ギュウギュウの満員電車で出勤し、かわいそうだなと思っていました。

少しずつ実績も積み上げ、社会人の3、4年目に一度、広島東洋カープ、阪急ブレーブス（現オリックス・バファローズ）などプロのスカウトから声を掛けてもらいましたが、本当に申し訳ない気持ちでお断りしました。僕はネガティブ思考なので「プロの世界なんてとんでもない。俺くらいの選手はゴロゴロいるだろう」と思っていたこともあります。

広島東洋カープは、のちにスカウト部長となった苑田聡彦さんが担当スカウトで、監督になってから久しぶりに会ったとき、「辻ちゃん、あのときカープに来てほしかったよ」と言ってくれました。

でも、あのときプロに入ったらどうなったのでしょう。先ほど高卒で入っていたらという話をしましたが、同じように下位指名だったと思いますし、やっぱり、まったく何もできず、2、3年でクビになっていたかもしれません。

社会人6年目、1982年もいくつかの球団から誘っていただきましたが、腰痛を抱えていたこともあって断り、このとき「もう辻はプロには行かないようだ」とスカウトの皆さんが一気に手を引いたと聞いていました。

ところが1983年秋のドラフト会議を前に、西武ライオンズから声を掛けてもらいました。スカウトは長谷川一夫さんでしたが、もうプロから声が掛かることはないだろうと思っていたこともあって、話をもらったときは少し驚きました。

年齢的には最後のチャンスだと思いましたが、日通浦和の監督からは「お前は将来、幹部的な立場になるかもしれないから、しっかりやってくれ」という話もいただいていましたし、僕自身も、このまま社会人でやっていこうと思っていました。

ただ、当時は結婚前でしたが、付き合っていた嫁に話をしたとき、「後悔しない？」と言われ、悩みましたが、思い切ってプロに挑戦しようと思いました。

嫁と2人で監督のところにあいさつに行ったら、まず「お前ら結婚するんか」と言われました。「それもそうですけど、プロに行かせてください」と言ったら「ええっ！行かないと言ったのにどうしたんだ」と驚いていましたが、最終的には喜んで送り出していただきました。

でも奇跡です、ほんとに。

僕を「クビかも」と脅かしたマネジャーからも言われます。

「辻ちゃんは奇跡。プロでレギュラーになって監督にもなるなんて、日通に入ったときを考えたら奇跡だよ」

第４章
つじの鎧

社会人・日通浦和時代のバッティング

つじのじつ話　その53

誘ってくれたのは一度しかやったことのないセカンドだった

これも幸運であり、また驚きでもあったのですが、西武ライオンズに誘っていただいたのは「セカンドができるから」という理由もありました。

僕は社会人時代、主にサード、ショートでしたが、直前の都市対抗で1試合だけセカンドに出ています。補強で呼んだ選手がサードしかできず、セカンドに回っただけです。

たまたま、それが目に留まったようです。セカンドのスタメンがベテランの山崎裕之さんで、後継者を探していた。最初悩んでいた僕への殺し文句も「山崎の後釜は辻君と思っています。ぜひ来てください」でした。

山崎さんは名球会にも入っている大選手です。この方が全盛期なら僕は誘ってもらえなかったでしょうし、誘ってもらったとしても、ずっと控えで終わったかもしれない。これもタイミングです。高校を出てから、まるで野球の神様が見守っていたかのように、すべてがいい形で回っていたと思います。

もちろん、プロは入ることがゴールではありません。まだまだスタート地点に立っただけです。それは自分でもよく分かっていました。

当時の西武ライオンズは、1982年に就任された廣岡達朗監督の下、1983年は読売ジャイアンツを倒して2年連続日本一を達成しています。野手では田淵幸一さん、大田卓司さん、山崎さん、片平晋作さん、投手では東尾修さん、高橋直樹さんらそうそうたるベテラン選手がそろい、玄米を食べ、肉を食べないなど、食生活も規制した『管理野球』と言われる厳しい指導も有名でした。

1981年の根本陸夫監督時代に入団し、1年目からゴールデン・グラブ賞を獲っていた正遊撃手の石毛宏典さんを廣岡監督が「ヘタクソ」と言い放ち、基本から指導したという話も聞いていました。

それでも入りたいと思ったのは、僕の性格ですね。あれだけ迷いながらも、いざ入るとなると、「どうせやるなら、逃げ道のない厳しい廣岡監督の下でやってみたい」と思いました。とにかく負けず嫌いなので、入ると決めたら一番厳しい環境に身を置き、大変でも何を言われようともぶち当たっていこうという覚悟もありました。

ただ、予想以上の厳しさでした……。練習というより廣岡監督です。僕だけじゃなく、僕を獲ってくれた長谷川スカウトも「何が社会人ナンバーワン内野手だ。なんでこんな選手を獲ったんだ」と言われていたそうです。

つじのじつ話　その54
転機となった指示は「バットを短く持って全部引っ張れ！」

プロの最初の壁は打撃です。自主トレーニングで室内練習場に行ったら、伊東勤選手、秋山幸二選手、安部理選手といった僕より先に入団していた4歳下の若手が打撃練習をしていたのですが、まずマシンの球速が速い。それに驚いていたら、彼らがすさまじいスイングで打ち返す。まだ、1月なのに全開のスイングです。「こいつらすげえな」って思いました。

もう一つ苦労したのがバットです。僕らの年代は高校1年の夏から金属バットに変わり、社会人の最後も金属でした。木のバットに慣れておらず、技術もなかった。今考えると、スイングも遅かったと思います。

バッティングは練習でダメ、試合でもダメ。1年目から一軍で41試合に使ってはもらいましたが、打率・209、ホームランは3本でした。新人とは言え、すでに25歳です。「来年が勝負」という危機感もありました。

実際、2年目の1985年は完全に天秤にかけられていました。

開幕から鈴木康友選手、行沢久隆さんがセカンドに入り、3試合目も行沢さんで4試合目が僕です。そこでたまたま内野安打だったと思いますが、ヒット2本を打ち、次も使ってもらえるようになりました。その後もヒットを打てば次の試合も使ってもらえる、打たなかったら使ってもらえないという連続です。とにかく、必死にやっていました。

転機はオールスター前です。廣岡監督に「お前はインコースに強いから、打席に近づいて立ち、バットを短く持って引っ張れ」と言われました。短くと言っても、1フィンガー、2フィンガーではなく、ひと握り以上です。今はこんなに短く持つ選手はいないですよね。

ただ、廣岡監督に「インコースに強い」と言ってもらったことは嬉しかったです。最初は、確か大阪球場の南海ホークス（現福岡ソフトバンクホークス）戦でしたが、いきなり二塁打を含む2安打。それもよかった。「よし！　これはいけるかも」となりました。

バットを短く持つと、ボールを飛ばすことは難しくなりますが、振り出しが楽でスイングスピードが速くなりますから、よりボールを引きつけることができます。

さらに、打席のベース側寄りに立つ利点として外角への対応があります。外ぎりぎりが普通に立っている人の感覚だと真ん中くらいになりますので、打ちやすいし、ストライク、ボールの見極めもしやすい。近い分、内角は詰まりやすいように思うかもしれませんが、僕はいわゆる〝サル手〟でヒジが柔らかかったので、インコースでもバットを内から入れやすかったのもあります。

この年は、とにかく言われたことをやり、それでチャンスをもらって、110試合で、打率・275とそれなりの数字を残しています。

つじのじつ話　その55

自分で考え、チームのための打撃を持ち味にした

バッティングの話をもう少し続けます。

3年目の1986年は廣岡監督が辞められ、森祇晶監督の1年目でしたが、僕は初めて全試合に出ています。森監督からは「引っ張れ」という指示はなかったし、前述したように、改めて試合で使い続けてもらうにはどうしたらいいかを考えました。打順や状況に合わせ、球数を投げさせるために粘ってファウルを打ったり、つなぎを考え右打ちしたりと工夫するようになりました。

この年はまだ必死にやっていただけでしたが、何年かしてから、単に自分の打率を残そうではなく、チームが勝つためにはどうしたらいいのかを最優先に考えるバッティングが確立し、それが自分のスタイルにもなっていきます。

いつも頭にあったのが、『1つのアウトの意味』です。

野球は10割バッターがいる世界ではありません。打率3割で一流と言われる中で、残り7割の失敗の意味、1つのアウトの意味を追求しようと思ってやっていました。

どうせアウトになるにせよ、ピッチャーに1球でも多く投げさせたり、走者がいるなら1つでも先の塁に走者を進めようということです。

例えば無死ランナー二塁で打席に入ったとしたら、ヒットもそうですが、最低限、自分がアウトになってもサードには行かせるという考え方をしました。クリーンアップは1986年であれば秋山選手、清原和博選手、ブコビッチ選手、その後であれば、デストラーデ選手が加わり、強力なバッターが揃っています。彼らにつなげば得点になるという意識は当然ありましたし、野球は三塁に走者が進めば、ヒットが出なくても、暴投でもなんでも点が入る可能性が確実に増えます。

幸い僕のインコースの打ち方だと、引っ張るだけではなく、おっつけて右方向にも持っていけます。むしろ体の近くなので、細工しやすいとも思っていました。外も内も苦手はなく、のちになりますけれど、近鉄バファローズの権藤博投手コーチ（1988〜1989年）は「辻には真ん中を投げろ。そうすれば迷うから」と指示していたそうです。

もちろん、全員が全員、そうである必要はないと思いますが、自分の成績ではなくチーム優先の打撃をする選手がいなければ、常勝チームはつくれません。

今は当時と比べ、打者が全体的にパワーアップし、投手のクイックがうまくなりました。犠打や盗塁、右打ちより、長打を狙ったほうが大量点につながるという考え方もあります。ただ、こういう時代であっても、しっかり考えている選手は、追い込まれたら、自分の意思でなんとかしようと、逆方向を狙ったりします。犠飛が必要なときは低めに手は出しません。

ベンチの指示じゃなく、自分の意思でそういったことができる選手が一人でも多くなれば、チームは必ずもう一つ上のレベルに行きます。2018、2019年と連覇したときの埼玉西武ライオンズは、完全にではありませんが、それがレギュラークラスはできていたと思います。

つじのじつ話　その56

いつも素直な心でアドバイスを聞くことの大切さ

入団したとき、厚い壁を感じながらも「ああ、俺はもうダメだ」とは思いませんんでした。「このままではダメだ」とは思ったのですが、だからあきらめようとは思いませんでした。「せっかくプロに入ったのだから、やることをやらないで終わりたくない。悔いを残したくない」と思い、社会人に入ったときもそうだったのですが、「3年間は必死でやってみよう」と決めました。

悔いを残したくない、というのは少し説明が必要かもしれません。

僕は、悔いというのは、結果に対してではなく、「事前にもっとあれをやっておけばよかった」と思うことだと考えています。練習や体のコンディション維持など、これ以上はできないところまで徹底してやっておく。そうすればダメだったとき「自分の力がなかったからだ」と納得がいきます。

当時、自分の中で大きかったのは、アメリカ・メサの春季キャンプで、廣岡監督から直々にノックをしていただいたことです。日本に戻ったらほかにノッカーがいましたが、少しでも期待があったのか、うまくなる素質をちょっとでも感じてくれたから、自らノックをしてくれたのだろうと前向きに考えました。ありがたいと思い、厳しい練習をやっていく中で、心の拠りどころにもなりました。

当時の僕は、いろいろな人のアドバイスを素直に聞くことを心掛けていました。自分がヘタクソだと思っていたのもよかったのかもしれないですね。自信なんてまったくないから、まず聞く、そしてやってみる、それを始まりにしていました。

物事は、すべてがそうだと思います。成長を妨げるのは、後ろ向きな心のかたくなさです。「俺はこうしたい。ほかの人の意見など聞く必要がない」では、すぐ壁に当たってしまいます。野球に限らず、素直な気持ちがなければ、人は成長しません。

自信が出てくれば、余裕もできます。アドバイスを聞きながらも、自然と「これは違う」「これは自分には合わないな」と分かってきます。そうなってから自分に合ったものだけを取り入れ、ほかは捨てていけばいいと思っています。

入団1、2年目は謙虚に、素直に野球と向き合えた時期でもありましたが、この素直さは、その後、コーチ、監督になってもずっと持っていたものです。知らないことに対してもそうですし、選手に対し、いろいろな人に対し、先入観なく素直に向き合うことは、とても大切なことだと思います。

つじのじつ話　その57

ピッチャーのフォームを変えるのは最後の手

先ほど触れた「バットを短く持て」という指示も僕は素直にやり続けました。なぜなら打てなかったからです。打てなかったら試合に出られません。試合に出るために「これをしろ」と言われたとおりの打撃を続けていただけとも言えます。

バットを短く持て、という廣岡監督の指示は僕にだけではありませんでしたが、言われてもしない選手もいました。そのときはバットに長池徳士打撃コーチがテープを巻いて、長く持てないようにするのですが、それでも勝手にテープを巻き替えて長く持てるようにし、怒られた選手もいました。正直、「このままでいいと思っているのかな」「使ってもらえなくていいのかな」と不思議でした。

僕の監督時代も、「指1本分でいいから短く持ってみたら」と言って、それでいい結果が出ているのに、いつの間にか元に戻っている選手がいました。

短く持つのをカッコ悪いと思うのかもしれませんが、プロは結果を出せば勝ち、結果を出している選手がカッコいいと思います。打てない以上、言われたことを試してみて、それが合っているなら続ける、合っていなければやめるとシンプルに考えたほうがいいと思います。

ただ、バッターなら、それで打てた、打てなかったという判断ができ、その後で戻すこともできますが、ピッチャーの場合、指導者の言うとおりにフォームを変えて壊れてしまう選手もいます。

故障は選手の人生を変えてしまいます。本人だけではなく、監督、コーチにとっても非常に怖いことですし、絶対に避けなければいけないことです。

少し話がそれてしまいますが、監督時代、僕はピッチャーのフォームを変えるのは最後の手だと思っていました。本人が「変えたい」と思っているなら別ですが、指示して変えさせるとしたら、ダメだったら解雇の可能性があり、「変えて、もう1年と思って勝負しないか」というときだけです。

特に新人ですね。当然、未熟な部分は多いですが、スカウトが長い時間をかけて見て、いいなと思った選手を獲ってきたわけです。まずは、そのフォームでどこまでできるかの見極めは絶対にしなければいけないと思います。

一方で、最近は球団から、大事に使ってくれと育成を指示されることもあるように聞いていますが、現場では、こいつは1年目から使っていけば活躍するぞと思うこともあります。

ピッチャーの場合、いきなり使って結果を出しても、1年で故障してしまうこともありますが、じっくり使っても壊れることはあります。この見極めは難しいですね。

つじのじつ話　その58

廣岡達朗監督のノックにナニクソと向かっていった

少し先に進み過ぎました。

僕の入団当時、52歳だったと思いますが、廣岡監督は姿勢がよく、立ち姿がカッコよかった。あとは動きです。実際にグラブを持って、動きを見せながら指導していました。分かりやすく一番説得力のある方法ですし、僕もコーチになってから、心掛けてやっていたつもりです。

廣岡監督から1年目のキャンプでノックをしてもらった話は書きましたが、1球受けるごとに「タイミングが早い！」と叱られ、途中からはバットのノックではなく、地面に置いた球から始まり、次は手で転がしてもらい、素手で捕っていました。

ただ、僕は廣岡監督から「グラブはこう出して、こういう足の運びで」と言葉で技術的な指導はされていません。「すっと捕って、こう投げればいいんだ」と言われ、動きで見本になってくれただけです。

実際、野球は形じゃありません。守備ならアウトにする、打撃ならヒットを打つことが目的で、いいフォームで投げたり、打ったりすることじゃない。とっさのとき、そんな余裕はないですしね。守備であれば、捕った姿勢により、下から横から上からと、どこからでも即座に投げなきゃいけない。バッティングもそうです。トップの形がどうこうというより、結局はタイミングです。

廣岡監督は本当に厳しい方でした。僕は2年間、褒められたことはありません。前にも触れましたが、併殺の練習でバックトスをしていたら、「誰にでも取り柄があるんだな」と言われたことがあるだけです。

でも、その厳しさが自分にはよかったと思います。何度も「ヘタクソ」と言われましたが、言われれば言われるほど、「クソ、やってやるぞ！」と思うタイプです。監督のノックにも「さあ、来いや！」と向かっていった記憶があります。

ベテラン選手が廣岡監督の厳しさに文句を言いながらも付いていったのは、就任1年目から優勝、日本一という結果を出したことに加え、予言ではありませんが、先を見る鋭さもあったと思います。「ここは負けても、次に勝てば問題ない」という言い方をされることがありましたが、いつもそのとおりになっていました。

つじのじつ話　その59

難しかったセカンド守備にどんどんはまっていく

プロ入り当時、自信があったのは足だけで、バッティングはもちろん、守備にも特に自信があったわけではありません。

しかもセカンドは都市対抗でたった一度守っただけです。サードやショートとはすべて逆の動きですし、見ていた景色がまったく違いました。カバーに行かなければいけないケースも無限にあり、「あ、忘れてた」ということも正直ありました。頭を使う難しいポジションだなと思いました。

けん制も苦労しました。二塁ベースに入るとき、ショートだとボールを正面に置いて入れるのですが、セカンドは逆です。ボールがぶれて見え、差し込まれるし、距離感にも戸惑いました。最初は、しっかり捕れませんでした。

ただ、難しいからこそ面白かった。練習して何かをできるようになったときの喜びがありました。一つ何かをクリアすると、それを応用した、さらにその先の技術が見えてきて、どんどんセカンドというポジションにはまっていきました。

セカンドにとって、ショートとのコンビネーションも重要です。西武は1981年入団の石毛さんが1986年まで守り、ゴールデン・グラブ賞の常連でもありました。堅実でスローイングのいいショートです。僕が身長182センチ、石毛さんが180センチですから、当時としては大型二遊間と言っていいでしょう。

石毛さんは駒大、プリンスホテル時代から活躍され、あこがれの存在として見ていました。日通浦和の監督さんにも「石毛にずっと付いていけ。彼は球界最高のショートだから、絶対、日本一の二遊間になるぞ」と言われていました。

僕がセカンドに慣れていなかったこともあり、最初は、石毛さんに合わせるだけで必死でしたが、途中からはそれなりに様になってきたのか、文化放送の中継で、僕らの併殺が『はっちゃんダブル』と言われるようになりました。僕の発彦と石毛さんが大学時代から『ハチ』と呼ばれていたことからです。

1986年にはセカンドのゴールデン・グラブ賞も受賞しましたが、最後まで自信はまったくありません。練習も試合も必死にやっていただけです。

バッティングもそうですが、現役時代ずっと、自分なんて大したことはないと思っていました。だからこそ、悔いを残さないため、きっちり毎日を過ごそう、きっちり練習しようと思って、最後までやり抜きました。

決めていたのは、アップのルーティンです。ビジターは時間がなく、なかなかできませんが、ホームでは全体練習の前に必ずやっていたことです。

具体的にはストレッチのあと、ポール間の快調走を3往復から5往復、さらに50メートル、30メートル、5メートルとダッシュします。短い距離でも必ず全力を出し切るようにしました。そのあと腹筋、背筋、腕立てで体幹を鍛えてから打撃練習、全体練習に入っていました。

これを引退試合の日まで、妥協せず全力でやり続けました。体のキレなど、練習の成果ももちろんありましたが、それ以上に、どんなときもやり続けているというのが、自分の心の拠りどころにもなりました。

つじのじつ話　その60

盗塁はアウトにならないことを最優先にした

足も自分の武器でした。盗塁は1986年の35が最多で、30盗塁以上3回ですから、それなりに走ったほうだと思います。

当時のチームは全員に高い走塁意識があり、クリーンアップでも積極的に走っていました。51盗塁で盗塁王の経験もある秋山選手は別格として、清原選手もデストラーデ選手も2ケタ盗塁したことがあると思います。捕手の伊東選手も若いときは20盗塁がありました。

僕に関して言えば、数だけを増やしたいと考えたら、もっと走れたと思います。ただ、「絶対にアウトになってはいけない」という思いのほうが強くありました。

打順は一番、九番が多かったのですが、クリーンアップがいいので、塁に出て一か八かで走ってアウトになるより、彼らにつないだほうが得点チャンスは増えます。走塁では、いつも一つ先の塁をと思っていましたが、盗塁に関しては状況を気にしながらやっていました。

一番を打っていた時期は、1988年に中日ドラゴンズから移籍してきた二番打者の平野謙さんがいつも送りバントだったので盗塁の機会自体が減りましたが、1989、1990年は30盗塁台と、その中でも走れるときはしっかり走ったつもりです。

盗塁は実際に走らなくても効果があります。相手バッテリーに走るんじゃないかと思わせることで、警戒してバッターに真っすぐ系の球が多くなったり、暴投があったりします。常に揺さぶりをかけることは心掛けていました。

僕だけではなく、当時の選手は、みんなやみくもに走っていたわけではありません。「個人の成績より、チームの勝利」という意識は走塁でも徹底していました。

ただ、いつもではありませんが、時々、「あれ？　自由に走ってるな」と思ったのは三番の秋山選手くらいです。打席にいた四番の清原選手が嫌な顔をしていたこともあったような、なかったような……。

つじのじつ話　その61

鬼コーチから監督になって優しくなった森祇晶監督

森監督には選手としての一番いい時期と重なっていたこともあり、たくさん勉強をさせていただきました。

1年目の1986年から優勝、日本一を果たした監督ですが、実は、就任当時、一部の選手は森監督を警戒して見ていました。1984年まで廣岡監督の下でヘッドコーチをされていたのですが、かなりきついことを選手に言っていましたし、加えて、選手の生活を厳しく細かく管理していたからです。

好きでやっていたわけではないと思います。廣岡監督は門限や食事など、生活の管理に厳しい方でしたが、監督ですから自ら陣頭に立って細かいチェックをするわけにもいきません。

学校で言えば、風紀委員でしょうか。監督の代わりに細々としたことをチェックして選手に注意をし、煙たがられていました。門限近くになると宿舎の部屋に電話をして、「おう、帰っているか」など確認もしていたようです。

本当は気配りのできる紳士的な方で、非常にクレバーでもあります。だからこそ、チームを強くするための自分の役割として、嫌われ役に徹していたのだと思います。僕と同じネガティブ思考なのかもしれませんね。

監督になってからは、ガラッと変わりました。笑顔も多くなり、選手を大人扱いしていました。門限も甘くなり、選手の食事が格段によくなって、廣岡監督で有名になった玄米もなくなりました。

森監督の就任後、何年かしてから選手会長になりました。いわば、森監督と選手の間のつなぎ役です。森監督は事あるごとに「選手はどう思っている?」と聞いてきて、例えば「遠征先のホテルの食事がおいしくない」という声があったことを伝えると、すぐホテルに言って食事を改善させました。

ただし、単に選手ファーストというわけではありません。そのときも「ホテルの料理が悪いと、選手はそのあと『食べに行こう』『飲みに行こう』になって生活が不規則になる。おいしければホテルでゆっくり食べたいという選手が増えるはずだ。そうすれば、ほかの選手といろいろな会話ができ、それもチームのプラスにもなる」と言われていました。

森監督時代は、廣岡監督時代と比べ、選手はすごくやりやすくなったと思いますが、それは廣岡監督を反面教師にして……というほど単純な話ではありません。

廣岡監督は万年Bクラスだったチームを引き受け、チームには田淵さん、大田さん、東尾さんらベテランの豪傑がいた。その人たちの意識を変え、チームを強くするには、あの厳しさがなければダメだったと思います。

対して森監督の時代は入団時から黄金時代になっていた世代に切り替わり、自分自身で考え、チームのためにプレーできる選手が多くなっていたこともあります。

そのときどきでベストの指導法は違うということです。

つじのじつ話　その62

強過ぎて観客動員が減ったとしても、それは現場の責任なのか

森監督は選手の自主性を尊重してくれる方でしたが、グラウンドでは選手がそれに甘えることはありませんでした。よく選手だけのミーティングもしていたし、当時の選手は自分がやるべきことが誰に言われなくても分かっていた。だから強かったと思います。

振り返れば、当時の僕らは「勝ちたい」ではなく、「勝って当たり前」「優勝して当たり前」と見られながらやってきました。すさまじい重圧でしたが、その中で戦えなければレギュラーにはなれない厳しい環境でもありました。

1986年、森監督1年目はPL学園高からドラフト1位で清原選手が入ってきました。素晴らしい能力を持った選手ではありましたが、いきなり結果を出せるわけではありません。使えば「まだ早い」と言われ、使わなければ「なぜ使わないのか」と言われ、森監督も大変だったと思います。それでも1年目からクリーンアップを勝ち

取り、19歳で打率・３０４、31本塁打ですから、とんでもない選手です。

誤解されやすい男ですが、野球に対しては純粋で一途な男です。2年目の１９８７年、巨人との日本シリーズ第6戦の涙はびっくりしました。有名な話ですが、ドラフトで読売ジャイアンツに1位と言われながら指名がなく、裏切られたという思いがあったようです。

日本一は目前でしたが、まだ9回表二死、ゲームセット前の守備中ですからね。彼はファーストだったので、「よし、よし」と一番近くにいたセカンドの僕がなだめているシーンを記憶されている方もいるかもしれません。考えてみると、僕がゲーム中に笑顔を見せた数少ないシーンでもあります。

森監督はこの年、優勝、日本一に導き、そのまま3年連続日本一になりました。素晴らしい偉業ですが、周りからは賛辞だけではありませんでした。犠打も使いながら、まず1点を取りにいく野球が「堅実過ぎて面白くない」という声もありました。

当時の西武ライオンズは確かに打線もよかったのですが、それ以上に投手が圧倒的でした。先発に工藤公康選手、渡辺久信選手、郭泰源選手らがいて、１９９０年代に入ってからはリリーフも潮崎哲也選手、杉山賢人選手、鹿取義隆さんの『サンフレッチェ』が確立。打線が2点取れば、負けないだろうと思わせる投手陣です。こうなれば先制点こそ勝利の近道になります。まず1点を狙う攻めは、チームに合った戦い方だったと思います。

いろいろ言われるのは仕方ありませんが、選手として一番、嫌だったのは、「強過ぎて面白くない」という声です。「勝って当たり前だから観客動員も減ってしまう」と言われたこともありました。

落合博満監督の中日ドラゴンズ時代もそう言われた時期がありましたが、僕らは勝利を目標にしているわけですし、絶対に言われたくない言葉です。

揚げ句、1989年に優勝を逃した後、堤義明オーナーが森監督に対し、「(監督を)やりたければどうぞ」

ひどいと思いました。その後、森監督に、「辞めないでください。絶対、優勝しましょう!」と言いました。

それは僕だけの思いではなかったのでしょう。続く1990年は、独走で優勝し、巨人相手に4勝無敗で日本一。そのままリーグ5連覇、日本一は3年連続でしたが、最後の1994年はリーグ優勝を飾りながらも退任となりました。

選手に恵まれていたのは事実です。ただ、選手が揃っているだけでは、1度は優勝できても、連覇は難しいでしょう。個性派の選手をまとめ、勝ち続けた森監督は、心から尊敬する素晴らしい名将です。

つじのじつ話　その63
監督時代に生きた2年目のケガの経験

森監督1年目、1986年が初のフル出場でしたが、2年目の1987年のオープン戦で大ケガをしてしまいました。

プロ野球の世界は2年目が大事です。優勝した、ピッチャーが20勝した、打者が打率3割を残した。すべて素晴らしいことです。でも、もっと大事なのは次です。2年続けてこそ本当に評価される世界です。

あれは確か、オープン戦終盤の阪神タイガース戦だったと思います。今考えると、「よし、やっとレギュラーを獲った。でも本当に定着するには今年が大事だぞ」という気負いが強過ぎた気がします。オープン戦でもありますし、そんなに必死にならなくてもいいケースでしたが、厳しいインコースを強引に打ちにいき、右手人さし指の粉砕骨折、解放骨折。竹が割れたように骨が砕けてしまいました。

直後は、もう野球ができないと思いました。全治には4カ月掛かりましたが、ずっと焦りはありました。果たして、元どおりになって、これまでのようなプレーができるのかという不安と、戻って居場所はあるのかという思いです。

黄金時代の西武ライオンズは、選手層が厚く、本当に強いチームでした。二軍には、ほかのチームに行けば一軍のレギュラーは間違いないと言われる選手がゴロゴロいます。このときセカンドは笘篠誠治選手が代わりに入り、われながら情けないのですが、いつも「打つな、凡退しろ」と思って見ていました。

迷惑を掛けていますし、チームには是が非でも勝ってほしいのですが、笘篠選手だけは打たないでほしいという、自分勝手なものです。聞いてはいませんが、笘篠選手も「辻さん、戻ってくるな」と思っていたのではないでしょうか。

途中からは1日でも早く復帰したいと気持ちを切り替えましたが、リハビリは大変でした。ケガをした腕は細くなるし、固定しているから手首から上がうまく曲がらない。最初のころは医師にガッと力づくで曲げられていました。そのときはいつもタオルをくわえてです。悲鳴が出るほど痛かったからです。

結局、人さし指は少し曲がったままで固まりました。幸い野球はボールを投げるときも打つときも、人さし指を完全に伸ばす必要があるわけではありません。治ってからは普通にプレーすることができました。

ケガの直後は気負いからバカなことをしてしまったと落ち込みました。あのままケガなく順調にいったら、給料も上がり、今ごろは……と思うこともありましたが、大きな財産になり、引き出しを増やしてくれたと思っています。

ケガの怖さを感じ、二度としないように注意しましたし、もっとトレーニングをしようとも思いました。ケガによって人間的にも、プレーヤーとしても成長できたことは確かです。ずっと順調だったら、鼻が伸びた嫌なやつになり、引退後、コーチの声も掛からなかったかもしれませんね。

もっとよかったなと思ったのは、監督になってからでした。ケガをした選手の気持ちも分かるので、どういうタイミングでどういう言葉を掛けたらいいかが分かります。ケガなく順調にきた人は分からないかもしれませんが、なぐさめるだけではなく、時には「ナニクソ」という反骨心を促したほうがいいときもあります。

もう一つ、いつも思っていたことがあります。ケガをした選手は、悪いほう悪いほうに考えがちです。彼らに声を掛けるとき、相手の気持ちになるのは当然ですが、根底に「頑張れ、お前は必ず戻ってこられる」と思う気持ちがないと言葉が響きません。それもまた、自分が経験したからこそ分かったことです。

あの年は、復帰してからもまったく打てませんでしたが、優勝に貢献したいという思いで必死にプレーしました。日本シリーズでも日本一に貢献したいという思いは前年以上に強かったのですが、まさかあんなことがあるとは思いませんでした。

つじのじつ話　その64

一つ先の塁を狙う意識が生んだ『伝説の走塁』

1987年の日本シリーズの相手は王貞治監督率いる読売ジャイアンツです。このときは、ジャイアンツのユニフォームを見て、すごく緊張した記憶があります。小さいころは「野球は巨人」という時代でしたから、あこがれもありましたしね。あれは3勝2敗で王手を掛けて迎えた第6戦でした。2対0から1点差に追い上げられ、迎えた8回裏二死です。

僕はレフト前ヒットで出塁し、次は秋山選手。あと1点を取れば、間違いなく勝てるだろうという展開でした。2アウトですし、リードもしています。単打であれば無理をしてアウトになるより、二塁に進み、そのあとの四番・清原選手に期待する場面ですが、三塁まで行けたら暴投などでも1点が入ります。あわよくば、とは思っていました。

秋山選手の当たりはセンター左へのヒット。相手のセンター、クロマティ選手の守備の甘さはデータとして頭に入っていました。おそらくは僕がサードを狙っているとは思わず、セカンドは間に合わないからと、山なりの返球しかしてこないだろう、自分の足ならサードまではスライディングなしでも楽勝で行けるなと思いました。

ジャッグルや暴投があればホームというのも頭になかったわけではありませんが、プレーは背中で起こっています。そこは走者の僕が目で見て判断できるものではありません。まずはサードとだけ考えていました。

セカンドを回った際、三塁コーチの伊原春樹コーチの様子で何かあったなと察しました。いつもより腕の回しが小さく、目が妙に真剣です。ですから、目を切って相手守備を確認することなく、力を緩めず一気にサードを回り、ホームにかえりました。大きい1点だったと思いますが、あくまで一つのプレーとそのときは思いました。その後、あれだけクローズアップしていただき、こちらが驚いたほどです。

加えるなら、あれはクロマティ選手の緩慢な返球と中継に入ったショートの川相昌弘選手がホームまでは行かないだろうという判断ミスからです。プロではあってはいけないプレーだったと思います。

次の年のオープン戦で当たったとき、クロマティ選手はレフトを守っていましたが、僕がレフトにヒットを打ったら川相選手が必死の形相でカットに入り、思わず笑いそうになってしまいました。

3年後の1990年、読売ジャイアンツに4連勝で日本一となった際、岡崎郁選手が「野球観が変わった」と言いました。それは相手サイドの感想なので、具体的にどの部分を指すのかは分かりませんが、当時の読売ジャイアンツは、戦っていて、嫌らしさを感じるチームではありませんでした。打席で粘ったり、塁に出たら隙を突いて走ったりという選手がいなかったので、守りやすさを感じたのは確かです。

つじのじつ話　その65

年齢との厳しい戦い、変わらないために打撃を進化させる

バッティングについて自信を持ったことは一度もないという話をしましたが、「これかな」と少し思ったのは、首位打者になった1993年です。

ただ、翌年になると、感覚がまた違っていました。

やはり年齢でしょう。首位打者のときが35歳でしたが、30代半ばになると、日々鍛えることで維持できるものと、動体視力、瞬発力など、いくら頑張っても少しずつ落ちていくものがあります。守備や走塁はそれほど問題は感じませんでしたが、バッティングにはどうしても年齢の影響は出てきます。

成績を維持するためには、毎年、同じままでいるわけにはいきません。前の年以上の練習や節制が必要ですし、自分の体の状態に合わせ、技術を進化させていく必要も

あります。これは30歳を過ぎたあたりから、ずっと意識していたことです。

修正した箇所はたくさんありますが、大きなものとしてはバットの出の部分です。最初は、ある程度、止まった状態からパッと打てたのが、体の動きを使って力負けしないようにしなければいけなくなった。反動をつけると言いますか、ヒッチするような動きが少し大きくなりました。

ただ、「もうこの年だから仕方ない」と妥協したことは一度もありません。落ちた分をカバーするため、どこまで自分を追い込んで練習するか、技術をいかに改善するか。これはもう、自分自身との終わりなき戦いです。

つじのじつ話　その66

投手が打ち取った打球は必ずアウトにする

僕だけでなく、小技を身上としてきたバッターは、今度生まれ変わり、また野球をするとしたら、バントとか右打ちを考えないホームランバッターになりたいと思うのではないでしょうか。1球、1球、状況判断しながらいろいろな駆け引きをするというのは、楽しくもありますが、ずっとは疲れます。

それに、いくら必死になって1試合で4回送りバントを決めたとしても、翌日の新聞の一面は、ほかはすべて三振でもホームラン1本を打った選手がでかでかと出て、僕の名前は片隅にもありません。

ただ、セカンドは何度生まれ変わってもやりたいなと思います。

プロに入ってから本格的に取り組みましたが、本当に面白いし、奥深い。頭も体もフルに使わなければできないポジションです。目立ちませんが、ゲームを左右するプレーも多く、僕自身、今でも記憶に残るプレーはたくさんあります。

セカンドを守る際、僕はピッチャーが打ち取ったボテボテの打球は、内野安打にせずアウトにするのが鉄則だと思っていました。

それを強く意識したのは、1994年、イチロー選手（当時オリックス・ブルーウェーブ）がブレークしたときです。彼は投手の頭を抜けていく内野安打が非常に多かった。ですから、僕は彼の打席では二遊間に寄り、少し前にポジショニングをしました。一、二塁間は多少空きますが、そこは飛びついて捕っても一塁への距離が短いのでアウトにできるという判断です。

今は打者タイプによって極端なポジショニングをするときもあります。データに基づいてのものなので、トータルすればアウトの可能性は高いのかもしれませんが、ボテボテのゴロが内野安打になったり、逆を突かれ、ヒットになることもあります。それでは投手がたまらない。すべての守りはピッチャー心理を考え、最優先は打ち取った球をしっかりアウトにすることだと思っています。

ただ、セカンド守備がうまかった、と言われると自分ではよく分かりません。

それでも周囲から高く評価していただき、8回もゴールデン・グラブ賞をもらったということで、今も『辻＝セカンド守備の名手』という印象をたくさんの方に持っていただいています。本当にありがたいことです。

セカンドになったことで、片隅ではありますが、球界に名を残せました。それが結局、引退後にあちこちからコーチで呼んでいただき、監督にもつながっていると思います。本当に夢のような野球人生を送ることができました。

少し自慢を入れさせてもらえば、実はバッティングの成績も悪いわけではありません。首位打者も獲って、生涯打率も・282です。守備の人という印象が強く、僕があまり打っていないと思っている人が多いようで、「首位打者を獲った」と言うと、びっくりされることもあります。

打率・319で首位打者となった1993年は、腰痛で開幕から1カ月くらい試合に出られませんでした。打率・333をマークした1996年のヤクルトスワローズ1年目も右手人さし指のケガで1カ月の出遅れがあります。振り返ると、その休みでキャンプの疲れが取れたのが好調の理由だったのかもしれません。

「ならば、キャンプで、もう少し手を抜けばよかったのでは……」と言われそうですが、自分自身を徹底的に追い込むのが自分のスタイルです。分かっていてもできなかったと思います。

特に一番打者になったときに考えていたのは、1打席目を大切にすることです。最初にヒットを打つと、気分的にも楽になり、2本目、3本目につながることが多いということがありますし、相手にしたら立ち上がりは絶対に不安です。簡単に1球で凡打したら楽にさせてしまいます。いろいろな球を投げさせ、出塁することを最優先にやっていました。一番に定着した1990年の日本シリーズは4戦中3試合連続安打で4試合目も四球。以後の日本シリーズも初打席の出塁率は高く、レギュラーシーズンもヒットが多かったと思います。報道陣からはよく「また1打席目、ヒットを打ちましたね」と質問を受けていました。

つじのじつ話　その67

将来指導者になるために鎧をどんどん厚くしていった

第1章で触れた鎧の話に戻ります。入団当初は、とにかく必死にやっていただけですが、いつの間にか鎧を着るようになっていました。

激しい競争の中で勝ち残るためもあります。当時は常勝軍団です。レギュラー争いに勝つだけじゃなく、相手に隙を見せないためにも、勝って当たり前、ナイスプレーも当たり前の顔をし、簡単に笑顔を見せちゃいけないと思っていました。

僕だけじゃない。あのころの西武ライオンズの野手は、みんな鎧を着けていたと思います。

森監督時代に選手会長になり、首脳陣と選手のパイプ役になったこともあります。立場的におかしなことはできないし、若い人に厳しいことを言わなきゃいけないこともあります。「自分に厳しくないやつが他人に厳しく言うな」と思われたくないと、自らをさらに律するようになりました。

そして、これはそれ以前からですが、その鎧がもっともっと分厚くなり、顔を隠すようにまでなったのは、選手を終わっても指導者としてユニフォームを着続けたいという思いからです。ずっと野球に関わって生きていきたいと思い、手を抜かず練習をする、決めたことはやり通すことを、さらに徹底しました。そうしないと、自分が指導者になったときに説得力がないと思ったからです。

悔いを残さないため、選手会長としてちゃんとほかの選手に意見するため、そして将来指導者になるため。僕の鎧はどんどん厚くなっていきました。

つじのつじ話　その68

悔しかったラストイヤー、初めて物に当たった後悔

1995年、西武ライオンズのラストイヤーは悔しいものとなりました。森監督から東尾監督に代わり、チームの世代交代を一気に進めた年です。僕は時にスタメンを外れ、出ても途中交代という起用もありました。

それまで7年連続規定打席に達し、球場に行き、レギュラーで試合に出るというのが当たり前の感覚になっていました。そのために朝起きてからのルーティンを組み、こなしていたのですが、「今日はスタメンで出られるのかな」「途中で代えられるのかな」と思うと、モチベーションを保つのが難しくなるときがありました。

そうは言っても、誰もが「こいつは外せない」と思うくらい打ちまくっていれば使ってもらえたのかもしれませんが、出るか出ないかの起用の中で集中力を保つのは簡単ではありませんでした。

この年、東京ドームの日本ハムファイターズ戦は忘れられません。

2打席目、一死満塁で僕が打席に向かうときです。球場がざわめき、代打のアナウ

ンスがありました。正直に書きますが、「なんだ、これ！」とカッとしました。

しかも代打は、バッティングが特にいいというわけではない選手で、結果が投ゴロ併殺打だったと思います。

僕はこういう場面で、ヒットが打てなかったとしても、四球を選んだり、自分がアウトになっても走者をかえすというチームバッティングで評価されてきたという自負がありました。しかも、もし監督なりコーチなりが一声掛けてからコールがあれば、また別だったと思いますが、このときはいきなりです。

今まで感情は出さないようにしたとか、鎧の話もしましたが、すべて吹っ飛び、その後、ベンチの裏で椅子を蹴り上げてしまいました。物に当たったのは選手生活で1回だけです。つい体が動いてしまいました。

当時36歳、ベテランと言われる年齢にはなっていましたが、守備に衰えはないつもりでしたし、バッティングも、まだまだやれる自信がありました。つらく情けない思いで過ごしたシーズンとなりました。

結果的には前述のように引退勧告、コーチ就任を打診され、それを断り、自由契約とさせていただきました。

つじのじつ話　その69

最初に誘っていただいたところへ行く

人生には分かれ道が何度もあります。僕もたくさんありましたが、ありがたいことに必ず誰かが言葉を掛け、手を差し伸べてくれました。

このときは、まず評論家をしていた森監督に退団の連絡の電話をすると、ヤクルトスワローズの野村克也監督につないでいただき、「辻が来てくれるなら喜んで」と言っていただいたと聞きました。本当に嬉しかったし、ありがたいと思いました。

今考えれば、野村監督はさすがです。「来たければどうぞ」じゃなく「喜んで」ですからね。天下の野村監督にそう言われたら、こちらの張り切り度が違ってきます。その後、千葉ロッテマリーンズGMをしていた廣岡監督から連絡をいただき、「お前みたいな選手が欲しいんだ」と言っていただきました。びっくりしましたが、これも嬉しかったです。何しろ1年目にけちょんけちょんに言われた監督ですから。

ただ、そのとき決めていたのが、最初に声を掛けていただいたところに行こうというものです。運命もありますし、いの一番に声を掛けてくれるというのは、僕をもっども評価してくれたということだと思います。

その後もそうですが、僕は、いろいろな話をいただいたとき、条件を聞いたうえで天秤にかけたことはありません。金銭的には損をしたこともあったかもしれませんが、それもまた、僕の人生です。

幸い、今まで一番最初に声を掛けていただいたところに飛び込んで後悔したことはありません。ラオウ（杉本裕太郎選手。オリックス・バファローズ）ではありませんが、「わが人生に一片の悔いなし」です。

つじのじつ話　その70

野村克也監督が認めてくれたプレーは当たり前のこと？

実は、野村監督との最初の出会いはあまりいいものではありませんでした。

１９８４年、入団1年目のメサ・キャンプでの打撃練習中、「おい、５番」と言われ、振り向いたら、手でシッシとされました。どうやら秋山選手の打撃を見たかったらしく、僕が邪魔だったようです。「怖い人だな」と思いましたが、同時に「次は背番号じゃなく名前で呼ばれるような選手になるぞ」とも思いました。

当時は評論家でしたが、南海ホークス時代は、人気があまりなかったパ・リーグということもあって、素晴らしい成績を残しながらも、注目度は読売ジャイアンツのON、王さん、長嶋茂雄さんに及ばなかった。嫉妬心もあったようです。

それが長い評論家生活を経て1990年にヤクルトスワローズの監督になり、野村監督なりの鎧をまとい、『野村克也監督像』をつくり上げたのではないでしょうか。

相変わらず「自分は月見草」「勝っても負けてもマスコミは巨人ばかり」とぼやいていましたが、実際はずいぶん目立っていました。地味どころではない。監督・野村は、ある意味、監督ONより派手だったかもしれません。

野村監督と言えば、西武ライオンズ時代の1992年の日本シリーズも印象にあります。後日、表彰式ですれ違ったとき、「おお、辻君、あのプレーでうちは負けたよ」「いやあ、そんなことないですよ」と会話をさせていただきましたが、「あの野村監督が褒めてくれた」と、自分の中で大きな自信となった言葉です。

あの年が7試合、次の1993年も7試合と、2年連続の対戦となったヤクルトスワローズとの日本シリーズは、どちらが勝つか分からない試合ばかりでした。2年とも球史に残る名勝負だったと思います。

西武ライオンズが日本一となった1992年は、初戦からいきなり延長12回になり、ヤクルトスワローズの杉浦享さんが代打サヨナラ満塁本塁打です。向こうは岡林洋一選手、こちらは石井丈裕選手がエースとして互いに好投し、投手戦が多かったシリーズでもありました。

最後の第7戦も、0対1からピッチャーの石井選手が右中間にタイムリーで同点にして延長戦となり、試合が決まったのが10回です。先頭の僕が二塁打、さらに犠打で三塁に進んで、犠牲フライで決勝のホームを踏みました。

野村監督に褒めていただいたのは、その試合の中で、ヤクルトスワローズが7回に一死満塁とした場面の後です。ヒットなら一気に差を広げられるピンチでしたが、ここで杉浦さんがセカンドゴロ。僕がホームに投げ、走者の広沢克己選手をアウトにしました。

このプレーを野村監督だけじゃなく、いろいろな方が高く評価してくれますが、あのときは、どんな球でもホームに投げるという気持ちで準備をし、打球を見て、前に出なくても待って捕っても大丈夫と判断しました。正直、僕にとっては特別なプレーではありません。

一つ自分なりの好判断があるとしたら、打球に対し正面に入ろうとしなかったことです。一生懸命、正面に入って捕って投げようと思ったら失敗していたかもしれません。確実に広沢選手をフォースアウトにできると思ったので、流れのまま体の左で捕って、そのまま1回転して投げました。

送球が少し高くなりましたが、捕ってベースを踏めばアウトです。なぜか捕手の伊東選手がタッチに行ったので、逆に紙一重のファインプレーに見えたのかもしれないですね。

歴史に残るプレーと言われると、なんだかくすぐったいのですが、プレーの引き出しがあったからこそ、とっさに出たプレーだったことは間違いありません。

1987年の走塁もそうですが、僕は日本シリーズで2つも球史に残ると評価していただけるプレーができた。今でも相手チームのファンの方に「辻さんのあれがなかったらなあ」と言われることがあります。

そう言われるのもまた、野球選手の勲章です。

つじのじつ話　その71
明る過ぎた？　新天地のヤクルトスワローズ

　１９９６年、新天地・ヤクルトスワローズに移籍したときは、もう38歳になる年だったので、選手は、ほとんどが年下です。野手は古田敦也選手、池山隆寛選手らが中心でした。

　僕がロッカールームに入ったときの古田選手の第一声が「うわ、でか」でした。僕は身長１８２センチで１８０センチの古田選手より背は高いのですが、小回りの利く選手のイメージが強いセカンドであり、バッティングでもバットを短く持つからもっと小さいと思っていたそうです。「球界の七不思議ですよ」と言っていましたが、日本シリーズでも当たっていますから、彼なりに新参者の僕に気を使い、最初にツッコミを入れてくれたのかもしれないですね。

　１９９２、１９９３年と日本シリーズで対戦したときは、同じようなチームカラーなのかなと思っていましたが、入ってちょっと驚きました。とにかく明るい。西武ライオンズも明るい選手はたくさんいましたが、ヤクルトスワローズは、僕の基準からすると、少し明る過ぎて、ざわざわしていました。

ロッカールームでは、あちこちからいろいろな音楽が流れていてうるさいくらい。試合前でも娯楽室で将棋やサッカーゲームをやっている選手が多く、みんなバラバラです。でも、試合が始まったら西武ライオンズの黄金時代と同じように一つになる。形は違いますが、これが『野村ヤクルト』の強さなんだと思いました。

ただ、僕はそのチームカラーに合わせようとか、西武ライオンズのよさを伝えようとか、まったく考えませんでした。年齢も違うし、僕は僕です。

特に、あの年は自分を追い出した古巣を見返してやろうしかなかった。まだできると見せつけたかった。われながら負けず嫌いだなと思いますが、本当にそれしか頭にありませんでした。

最後は疲れから風邪をひいたりして調子を落とし、パウエル選手（中日ドラゴンズ）に抜かれましたが、打率・333は16年間で一番高い数字です。よくやったと思います。もう少しで両リーグ首位打者だったので、それは惜しかったなと思いますが、1つ幸運だったのは、セ・リーグの投手に変化球が多かったことです。だから、ベテランの僕が、もう一度、結果を出せたことは間違いありません。

野村監督は、いつもブツブツと選手の文句を言われていました。選手はみんな「口うるさいオジさんだな」と思っていたはずです。

ただ、野村監督の野球の知識、洞察力は超一流です。それを選手が分かっていたので、怖いもの見たさ（聞きたさ？）ではありませんが、野村監督のぼやきの一言、一言に聞き耳を立てているのが分かりました。

ミーティングにも圧倒されました。長いからではありません。目からウロコというのでしょうか。僕も西武ライオンズ黄金時代のレベルの高い野球を経験してきたつもりですが、また違ったものでした。こういう見方もあるのかと勉強になりました。

いつもは野村監督の文句を言っている若い選手も、目を輝かせながら必死にノートを取っていましたし、僕も一言一句逃さぬよう集中して聞き、たくさんノートを取らせていただきました。野球人生の財産になっています。

野村監督はＩＤ野球と言われ、データを重視した野球でしたが、データどおり全員に同じことをさせたわけではありません。特にバッティングは打者をAからDのタイプに分け、それに応じた指示をしていました。

僕がそうでしたが、基本的には真っすぐを待っていて、タイミングが合えば変化球に対応するという野村監督の言うA型がベストで、ほかにコースを待つ、球種を絞るなどに分けられていました。

加えてタイプとは別に、技量的に、それができない選手もいます。その場合、A型の選手でもコースを待つか、球種を絞るかという指示をされていました。データを重視するだけではなく、選手に合わせたからこそ、野村ヤクルトは強かったのだと思います。

つじのじつ話72
野村克也監督にいただいた一年

前述しましたが、野村監督でうまいなと思ったのが、メディアの使い方です。

計算してだと思いますが、記者を通してテレビや新聞で扱ってもらうことで、選手へ遠回りのメッセージを送っていました。褒め言葉、嫌味、これからの戦い方といろいろでしたが、記事になりやすい言葉を選んで話していて、こんなやり方もあるんだなと思いました。

僕自身、すごく感謝しているメッセージがあります。

1998年、腰痛もあって結果を出せず、「もう辻は限界だ」という記事が出たことがありました。その記事を受け、記者から「辻は引退ですか」と聞かれたそうです。そのとき野村監督は、

「この年まで野球界のために頑張ってきた辻に、俺が辞めろって言えるか。辻本人が辞めると言ったら別だけど」

と話されたそうです。もちろん、僕のいないところです。野村監督の思惑どおりだと思いますが、僕に後で伝わり、感激しました。

それで、その年の年賀状に、

「監督にいただいた一年だと思って死んだ気でやります」

と書いて送りました。そしたらまた、僕に直接ではなく、記者たちに「辻からこん

な年賀状もらったんだ。嬉しかった」と言われたそうです。

それを聞いて、また感激です。

僕に対するメッセージは、自身の経験もあったと思います。1977年、南海ホークスの兼任監督をしていた野村監督は、2位なのに解任され、退団。そのあと、ロッテ・オリオンズ、西武ライオンズと一選手として現役を続けました。年齢もあって思うようなプレーはできなかったと思うし、外様となると特別扱いはしてもらえません。悔しい思いもされたと思います。

だからこそ、引退間近の僕に対し、情を持ってリスペクトしてくれた。僕自身、使ってもらえなかった西武ライオンズのラストイヤーや、このときの経験があるから、監督としてベテランの中村剛也や栗山巧の状態が上がらないとき、しっかり向き合い、言葉を掛けられたと思っています。

つじのじつ話　その73

悔いのない引退、ヤクルトスワローズへの感謝

結果的には、野村監督が阪神タイガースの監督となり、若松勉監督がヤクルトスワローズの監督となった1999年限りで現役引退となりました。

このときは春季キャンプで特守を受けたときに左肩を痛め、そのあとすぐ左脇腹を痛め、さらに左太ももが痛くなりと、満身創痍《そうい》になってしまいました。野球生活でこれほどケガをした年はなかったと思います。

最初の左肩のケガは、ノッカーだった大橋穣コーチがものすごく張り切って、捕れそうで捕れないところにガンガン打ってきました。こちらも負けたくないと「絶対捕ってやる！」と少しムキになってやってしまいました。ケガをしたときは「しまった！」と思いましたが、あとあと振り返れば、練習から自分を追い込んでいくのが僕のスタイルでしたし、これも僕らしい終わり方かなと思いました。

決断までには「引退にはいい時期かな」というのと「来年もう一回勝負したい」という2つの思いの中で悩んだ時期もありましたが、引退を決めた後は後悔も何もあり

ません。やり切ったという清々しい気持ちでした。

自分から「引退したい」と球団に伝え、二軍コーチとして契約してもらいました。わずか4年の在籍なのにコーチの声を掛けていただき、引退試合までしてもらい、ヤクルトスワローズには本当に感謝しています。

野村監督の下でプレーできたこと、パとセ、2つのリーグの野球を経験できたこともそうですが、ヤクルトスワローズ時代の終盤、控えや代打に回り、ベンチの選手の心境が分かるようになったことも、指導者になってから大きかったと思います。


少し付け加えておきます。

ここまで僕は後悔があると書いたり、ないと書いたりしています。

矛盾するようですが、「人生に悔いなし」とも「後悔のない人生はない」とも思っています。

現役時代、コーチ、監督時代、またそれ以外も含め、「あのときああしていたら」と思うことは山のようにあります。すべてを納得して受け入れているわけではありません。悔いはたくさんあります。

ただ、プレーヤーとしては失敗しても仕方ないと思えるまで全力で練習、準備をすることを心掛け、全うしました。生き方においては、失敗も成功もすべてが自分の糧になると思って生きてきました。

そして今、すべてが糧になっています。

「人生に無駄なし」です。

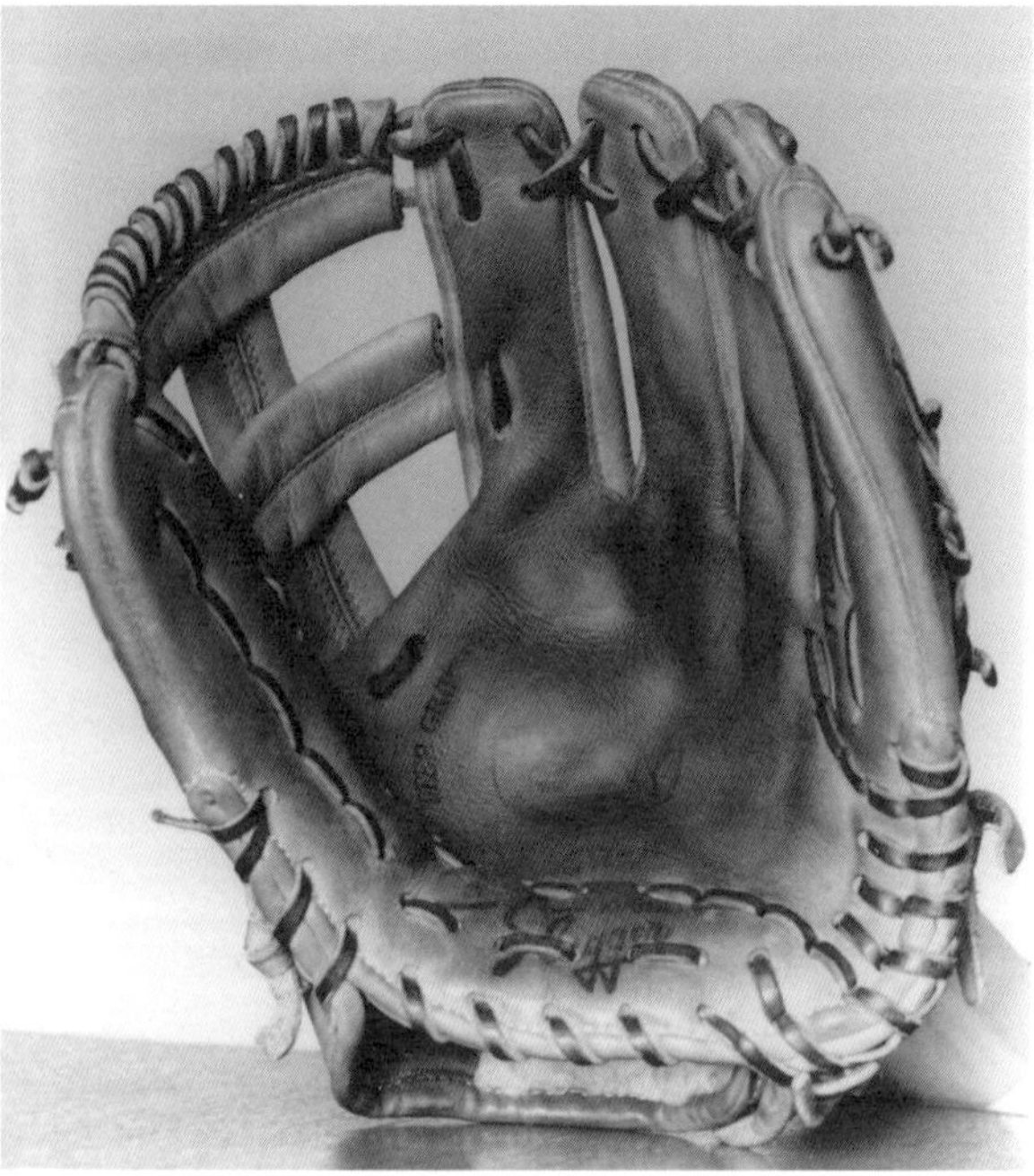

現役時代のグラブ

第5章

つじの監督前

現役引退後、目標どおり
ヤクルトスワローズのコーチに就任。
指導者人生をスタートさせた。
最初からうまくいったわけではないが、
監督時代にもつながる、たくさんの勉強をした。

2000-2016

つじのじつ話　その74

「なぜできない」から「どうしたらできるように」まで

現役時代から目標にしてきたコーチの仕事ですが、2000年にヤクルトスワローズの二軍守備走塁コーチになって最初に感じたのは、「なんでこんな当たり前のことができないんだ」です。

選手たちが、自分が当たり前のようにやってきたことができない。今思えばダメなコーチだったと思います。「なぜできない。ちゃんとやれ」としか言っていませんでした。

技術的なことではありません。僕がじれったかったのは、選手が「うまくなりたい」と思って練習をやっておらず、単に言われたことをやっているだけにしか見えなかったことです。

人間だから得意、不得意はあります。ランニングが好きな選手はあまり多くありませんし、打撃は好きでも守備の練習は嫌いという選手もたくさんいます。

でも、僕がやっていたのは二軍コーチです。好きなことだけやらせるわけにはいきません。僕は、身が入っていないように見えても、選手たちの心の中には「うまくなりたい」「一軍に上がって活躍したい」という思いが必ずあるはずと、強い言葉を掛けることもありました。しかし返ってくる反応がほとんどなく、正直、イライラしてしまうこともありました。

僕自身は「ヘタクソ」と言われまくって、「ナニクソ」と思ってきた人間です。彼らの反応に戸惑いながらも、いつかそういう気持ちになるはずだと思っていました。やっていくうちに、それが間違いであると分かりました。いい悪いではなく、選手一人ひとりで、考え方も技術、体力もすべて違う。自分と同じものを押しつけても仕方がないということです。

考えてみれば、僕自身、高卒でプロに入っていたとしたら、彼らと同じで、プロのレベルに圧倒され、言われたことをやるだけでいっぱいいっぱいだったかもしれません。僕にまだ現役の感覚があり、相手の目線ではなく、明らかな上目線になっていました。要は自分の物差しで測っていただけでした。

それを自覚してからは「なぜできない」から「どうしたらできるようにさせられるのか」と意識が変わっていきました。

そうやって目線を選手に合わせて考え、改めて選手を観察していくことで「人を教える」ことの難しさ、奥深さが感じられるようになってきました。

つじのじつ話　その75

守備では1つを直すと全体がよくなることもある

今思えば当たり前なのですが、プロに入ったばかりの若い選手は、欠点があって当たり前、それに自分自身が気づいていなくても当たり前です。コーチは、彼らのどこに課題があるのかを見つけ、その矯正のためのベストの言葉を掛け、ベストの練習をさせるのが仕事です。

それに気づいてから、いろいろなやり方を試し、教え方を工夫しているうちに「このプレーを上達させるには、この方法」「この選手にはこの方法」と、たくさんの引き出しができていきました。

欠点を一から十まで挙げて、すべて直せと言ってもできるものではありません。守備であれば、いくら正しい技術であっても、「この形で捕りなさい」という言い方だけでは絶対にできません。一度に3つも4つも意識を置くことはできないからです。

一度に掛ける言葉はワンポイントがいいと思いますが、特に守備の場合は、いろいろなことが連動していきます。例えば捕球時の左足の使い方に欠点があるとき、そこを強く言うと、そうしないようにとばかり意識が働き、うまくいかなくなりやすいのですが、逆に右足の位置を変えさせることで左足も改善でき、結果的に体の動き全体がスムーズになったりすることもあります。

グラブの出が遅い選手もそうです。当然、フットワークをはじめ、いろいろな課題はあるのですが、まずは「力を抜いてグラブを下にだらりと落としてみたら」とワンポイントを言うと、全体の動きが格段によくなったりします。

このとき、ついでの言い方として「『あぶない刑事《デカ》』（舘ひろしさんと柴田恭平さんが主演した刑事ドラマ）みたいにやってみろ」と言ったこともあります。拳銃を下のほうで持って、腰を落としての横走りがあったのですが、冗談を交えながらでも、いかに選手の心に残る言葉を掛けるかは大事なことだと思います。

もっと言えば、コーチはヒントを与えるだけでいいのです。そこから選手が考え、自身で工夫し、自分の技術がいいほうに変われば、「なるほど」とうれしい驚きを感じてくれるはずです。そうなればしめたものです。もっとうまくなりたいという欲につながり、自分自身でさらに工夫し、いろいろなことを発見していくはずです。

話を戻します。ヤクルトスワローズのコーチ時代、僕が担当し、重点的に指導していた選手は、内野手の野口祥順選手、畠山和洋選手、捕手の米野智人選手でした。

一番覚えているのは畠山選手です。打撃はよかったけれど、守備に難があった選手でした。股を割る基本的な捕球姿勢と手の向きを覚えてもらうために、僕が廣岡達朗監督とやっていたように素手で捕るノックをさせたことがあります。かなりきつい動きであり、こんな練習を、という悔しさもあったのでしょう。涙を流しながら、必死についてきてくれたのを思い出します。

新人時代の米野選手が縄跳びトレーニングで二重跳びができず、「できません」と泣きを入れたら「最初からできないと決めつけるな。そんな気持ちでは、この先何もできないよ」と鬼の形相で僕が言ったという話を彼のWEBコラムで書いていました。まったく覚えてはいませんが、そういうこともあったと思います。

言っていることは正しいし、今でもそう言うと思います。ただ、鬼の形相はよくないですね。当時は僕も未熟だったと思います。
コーチも選手と同じです。段階を追いながらいろいろ経験し、その後につながっていきます。

つじのじつ話　その76

イチロー選手に感じた大谷翔平選手と同じ〝熱〟

2001年のシーズン後には、アメリカのウインター・リーグに行く予定になっていました。実はその前に2001年から横浜ベイスターズの監督になっていた森祇晶監督から「一軍のコーチになってくれ」と連絡があり、これがヤクルトスワローズでの最後の仕事になるはずでしたが、直前に『9・11』のテロ事件があり、キャンセルになっています。

ヤクルトスワローズでの二軍コーチの仕事は、いろいろな発見があり、充実感もありました。まだまだ、やり残した気持ちもありましたが、森監督から誘われたら断るわけにはいきません。

横浜ベイスターズは1998年に日本一になった後、じりじりと低迷期に入ってしまったチームです。再建を託された森監督ですが、就任1年目は3位だったものの、オフに正捕手の谷繁元信選手がFAで出てしまい、戦力的には非常に厳しいものがありました。それでも森監督のためにと頑張りましたが、簡単ではありませんでした。翌2002年は最下位で森監督は解任となり、2003年も最下位。僕は2004年、二軍の打撃コーチとなり、そのオフ、退団となりました。

先は決まっておらず、2005年は評論家としてやっていましたが、その年、福岡ソフトバンクホークスの王貞治監督から連絡をいただき、王監督が指揮することになった第1回のワールド・ベースボール・クラシック(WBC)日本代表コーチという大きなチャンスをいただきました。本当に引き受けてよかったと思います。夢のような素晴らしい経験となりました。

本大会は2006年でしたが、一番印象に残っているのはイチロー選手(当時シアトル・マリナーズ)の〝熱〟です。あれだけのスーパースターが、期間中、誰よりも早く球場に来て準備をし、試合では必死になってプレーをしていました。その姿に、当初は親善試合の気分もあった、ほかの選手が影響されたのは間違いありません。

東京での1次ラウンドを勝ち上がり、2次ラウンドに進んだ日本のアメリカでの初戦の相手がアメリカ代表でしたが、イチロー選手は、いきなり初回に先頭打者本塁打でした。狙っていたのだと思います。

このとき、イチロー選手、大塚晶則選手（現大塚晶文。当時テキサス・レンジャーズ）と日本代表にもメジャー・リーガーはいましたが、大部分の選手にとって、日米野球以外でメジャーと戦うのは初めてです。

メジャーのトップ選手を前に、選手はみんな、どこかフワフワしたような気持ちになっていました。ある日本代表の選手がジーター選手（当時ニューヨーク・ヤンキース）とニコニコ笑ってあいさつを交わすと、イチロー選手が「ジーターはしたたかで、そういうのが手なんだから！」と語気を強くして注意していました。

イチロー選手は本気でアメリカ代表に勝ちたいと思い、2023年WBCの大谷翔平選手じゃありませんが、「勝つために、あこがれるのをやめよう」と言いたかったのでしょう。

印象深い走塁もありました。決勝のキューバ戦です。日本代表が3点リードで迎えた5回表無死一、三塁のチャンスです。三塁コーチだった僕は、セカンド、ショートが併殺狙いで下がり気味に守っていたこともあり、「ゴロでも突っ込もう！」と三塁走者だったイチロー選手に言いました。実際、打者・多村仁選手（現多村仁志。当時横浜ベイスターズ）の当たりは三塁線寄りのサードゴロになりましたが、イチロー選手は迷わずスタートを切り、ホームを陥れました。

このときイチロー選手は、走りながら一瞬、肩越しに三塁手を見ています。ホームに投げアウトになりそうなタイミングなら、挟まれて一塁走者が三塁へ行くまで進む時間を稼ごうということだったのでしょう。瞬時にそういう判断ができるのはすごいと思いました。

つじのじつ話　その77

王貞治監督の熱さと勝負勘、世界一の貴重な体験

王監督には「思い切って前向きにやろう！」と言葉を掛けてもらいましたが、三塁

コーチを務めるということは、王監督の右腕を預かっているということだと思っていました。走者に指示を出す際、絶対に迷ってはいけないし、躊躇《ちゅうちょ》してはいけないと心に誓いました。

「世紀の大誤審」と言われたアメリカ戦での西岡剛選手（当時千葉ロッテマリーンズ）のタッチアップは定位置より浅いレフトフライでしたが、相手の肩が弱いのは分かっていましたから、西岡選手の足なら十分間に合うと思って「大丈夫、慌てるな」と声を掛けました。西岡選手も余裕を持ったスタートを切っていたので、「離塁が早い」と抗議されるとは考えもしませんでしたが、審判もあれを覆してはいけません。野球にならなくなります。

そのときの王監督の猛抗議も話題になりました。王監督は選手としても監督としても、あれだけの実績がありながら、びっくりするくらい試合に気持ちを入れてくる方でした。イチロー選手と同じく勝負に対する〝熱〟を持っている指揮官でしたね。

抗議とともに印象に残っているのは決勝のキューバ戦です。ショートの川﨑宗則選手（当時福岡ソフトバンクホークス）が2つのエラーを犯しました。とはいえ、2つとも積極的に攻めた結果のエラーですし、僕は仕方ないことだと思っていました。

王監督は自身のチームの選手だったこともあったのでしょう。血相を変え、「もう代えよう」と言われたので、必死に止めました。世界一が目の前に近付いている緊張感あふれる状況で、途中から出場する選手のプレッシャーは大変なものだと思ったし、川﨑選手にとって、今後の大きな成長につながると思ったからです。

結局、川﨑選手は9回に〝神の右手〟と称賛されたホームインで得点を挙げながらも負傷し、宮本慎也選手（当時東京ヤクルトスワローズ）に代わりましたが、僕からしたら雲の上の偉人である王監督が、こんなに熱くなるんだと驚きました。

勝負勘も素晴らしい指揮官でした。準決勝の韓国戦では、7回に先頭の松中信彦選手（当時福岡ソフトバンクホークス）が二塁打。続く多村選手はバント失敗のうえ、空振り三振に倒れ、勢いが止まりかかったところで、代打に福留孝介選手（当時中日ドラゴンズ）を送りました。福留選手は不振が続いてスタメンを外れており、正直、打てる雰囲気はなかったのですが、見事に2ランを右翼席へたたき込み、勝利につながりました。この一発はしびれましたね。

キューバに勝っての世界一の瞬間は、本当にうれしかった。帰りの飛行機でも国内の盛り上がりのニュース映像を目にしましたが、空港に着いたら、想像をはるかに超える数のファンが出迎えてくれました。日本の皆さんが、ここまで喜んでくれていたのかと驚きました。

あの光景は今も忘れられません。

実は王監督からWBCのコーチの話をいただいた少し後に、野村克也監督から連絡をいただき、「来年（2006年）から楽天（東北楽天ゴールデンイーグルス）の監督になるんだが、コーチをしてくれないか」と言われました。僕は自分の考え方でもある「最初にいただいた話を選ぶ」ということで、お断りしたのですが、これもまた、本当に嬉しいお話でした。

ただ、その後に会ったとき、報道陣の前で「俺の誘いを断ったんだよ!!」と嫌味を言われました。もちろん笑いながらですけど。

つじのじつ話　その78

嬉しかった落合博満監督からの二軍監督の誘い

中日ドラゴンズの二軍監督は翌2007年からですが、連絡をいただいたのはWBCから帰国し、それほどたっていなかったと思います。

落合博満監督は2004年に就任し、現役時代同様、『オレ流』と言われながら、特別な補強なしに初年度から優勝。すでに名監督と言われていましたし、なんと言っても3度の三冠王に輝いた天才打者です。誘っていただいたことがまず嬉しかった。

僕が日通浦和時代、東芝府中時代の落合監督が都市対抗の補強で来て、短い間ですが、一緒のユニフォームを着たこともあります。プロ入りしてからも試合で対戦した際、挨拶をしたり、声を掛けていただく関係でしたが、食事に行ったわけでもなく、特に親しいというわけではありませんでした。

なぜ僕を二軍監督として呼んでいただいたのかは聞いたことがありません。落合監督も説明する人ではなかったので、今も本当のところは分かりませんが、素晴らしい経験をさせていただいたと思います。

最初に思ったのは、「選手と一緒に汗を流しながらやっていこう」ということです。当時、48歳。まだまだ、体の無理も利く年でした。

難しい仕事ですよね。試合の勝ち負けはありますが、あくまで一軍があっての二軍です。若手選手の育成があり、二軍に落ちた選手の調整もあります。上が必要とする選手をベストコンディションにしておかなければいけないし、そのためにも一軍の試合をしっかり見ておかなければいけません。落合監督はほとんど何かしろと指示はしない方なので、だからこそあれこれ考え、気が休まることがありませんでした。

一つだけ強く言われたことがあります。「グラウンドに一人でも選手が残っていたら、コーチは先に帰らず、最後まで見てあげなさい」ということです。

そのとき常に選手を見るのが指導者の仕事なんだなと改めて思いました。実際、いつも見ていないと選手の変化は分かりません。それが選手の力量を見極める目を磨くことにもなりました。

二軍監督時代、一緒に汗を流した選手には皆、強い思い入れがありますが、一番、印象に残っているのが2018年で引退した谷哲也選手です。彼には夏の暑いナゴヤ球場で、連日2時間のノックをしたことがありました。クーラーボックスに氷水を入れ、谷選手は数分置きに頭を突っ込みながらやっていました。

今思えば無茶をしたなと思いますが、彼はいまだに会うと「一番の思い出です。辻さんに感謝しています」と言ってくれます。

上手くなってほしいの一心でしたが、それも選手の体力、人間性、考え方に合わせてです。あくまで谷選手だからやったことではあります。


意外な二軍監督の仕事についても書いておきましょう。お風呂当番です。

試合前のジョギングが日課だった僕は、いつもナゴヤ球場に一番乗りでした。まずするのが、大浴場に行ってお湯を張るため蛇口をひねることです。僕の次に到着する奈良原浩コーチが湯加減を見て、蛇口を止める。

いつの間にか、それが僕ら2人の担当になっていました。

奈良原コーチが選手によく言っていました。

「お前ら、誰のおかげで風呂に入れるんだ（笑）」

つじのじつ話　その79

落合博満監督がただ一度怒った話、「投手を殺す気か」

落合監督は僕が埼玉西武ライオンズに監督で行くとき、「頑張ってこいよ」と声を掛けてくれ、2018年に優勝したときは、翌日に「当日は忙しくて大変だと思ってな」と電話をくれ、「よかったな」と祝福してくれました。言葉数の多い人ではありませんでしたが、その少ない言葉がすべて印象に残っています。

落合監督が選手に声を荒げたのは一度だけだったと思います。僕は2010年に一軍総合コーチとなりましたから、その年か、その次の年です。

この2年はリーグ連覇でしたが、完全に投高打低です。好投のピッチャーを見殺しにするかのような敗戦が続いていた時期だったと思います。

試合前、選手を集めた落合監督が、

「お前ら投手を殺す気か」

と一言だけ語気鋭く言いました。

これで選手の表情が引き締まった。

感情に任せての言葉じゃなかったと思います。これ以上、打線のせいで落とす試合があると、チームがバラバラになると思い、このタイミングしかないと思ったのでしょう。野手は「やらなきゃ」と、投手は「監督は俺たちを見てくれている」と思ったはずです。このあとチームは一つになり、優勝に向け、加速していきました。

中日ドラゴンズは２０１０、２０１１年とリーグ連覇を果たしましたが、連覇にもかかわらず、シーズン中に落合監督の辞任が決まり、われわれコーチも大半が退陣となりました。

２０１１年の日本シリーズで福岡ソフトバンクホークスに敗れた後、僕も選手にあいさつをさせてもらいました。

「もっともっと君たちと野球をやりたかった。縁があったら、またどこかのチームで同じユニフォームを着て戦おう。それがかなうなら、こんなに幸せなことはない」

いつの間にか大泣きしていました。僕が人前で泣いた最初の思い出です。

野球評論家を経て、再び中日ドラゴンズのコーチとなり、その後、埼玉西武ライオンズに誘ってもらったのは説明したとおりです。

すべてのことが今につながっていきます。

最終章

つじのこれから

監督を退任したが、人生はまだまだこれから。
野球評論だけでなく、やりたいことはたくさんある。
掲げるは「一生青春」だ。

2023-

つじのじつ話　その80

キャンプ取材で感じた今井達也の変貌？

監督を退任した後、2023年春は野球評論家として宮崎のキャンプ取材に行きました。読売ジャイアンツ、広島東洋カープ、福岡ソフトバンクホークス、オリックス・バファローズ、そして南郷の埼玉西武ライオンズです。

読売ジャイアンツのキャンプでは同級生の原辰徳監督、久保康生コーチ、福岡ソフトバンクホークスでは王貞治会長らにご挨拶をし、オリックス・バファローズでは移籍したばかりの森友哉の話も聞きました。

南郷のキャンプでは、予想どおり、水上由伸がちょっかいを仕掛けてきましたが、僕がもう監督じゃないからなのか、ほかの選手も笑顔で次々寄ってきました。

一番びっくりしたのが今井達也です。それまでは少しおどおどした印象があり、こちらが話し掛けない限りは何も言わなかったのが、ニコニコしながら向こうから寄ってきて、挨拶をしてくれました。しかも「どうだ？」と聞くと「調子いいです」ときっぱり。「15勝はいけるだろ」と言ったら「15勝したら優勝ですね」と笑顔で言っていました。

今井は故障も多く、なかなか1年間フルにはできませんでしたが、本当にポテンシャルの高い選手です。他チームのコーチから「いいときの真っすぐは山本由伸（オリックス・バファローズ）よりいいですね」と言われたことがありますが、僕もお世辞抜きでそう思います。1年間、コンディションを維持できれば、最多勝争いにも食い込んでくると思います。

チームを離れた選手、引退した選手も含め、埼玉西武ライオンズで一緒に戦った選手は、みんな仲間です。立場は変わりましたが、これからも彼らを応援していきたいと思っています。

つじのじつ話　その81

栗山英樹監督を悩ませたであろう源田壮亮のケガ

2023年のWBCでは、Amazonさんのプライムビデオでスタジオコメンテーターとして強化練習試合から日本代表の全試合を見ていました。

代表メンバーが発表されたとき、一番気になったのは内野守備です。はっきり言えば、手薄に感じました。打線も長打力がある選手は揃っていましたが、小技には不安がありました。

こうなると、攻守でカギを握るのが、われらのゲンちゃん、源田壮亮です。源田には直接、「お前がキャプテンと思ってやらなきゃダメだよ」という話をし、期待どおり、攻守走で存在感を示していました。試合ではマウンドにもよく行っていましたし、彼にも自覚はあったと思います。

実は、大会前から「このチーム構成だと源田がケガをしたら怖い」という話はよくしていたのですが、そこで韓国戦での小指の骨折です。

その日は症状が分かりませんでしたが、次の日に東京ドームのグラウンドで会ったとき、「大丈夫?」と聞いたら「骨折していました。でも、意外と投げられるんで、やれることは一生懸命やります」と耳元でこそっと言ってくれました。

実際、骨折しても野球をやっていた選手はたくさんいます。源田も人さし指ならできないけど、小指だから外しても投げられるということでしょう。筋肉がピリッとしたというのならやっていく中で悪化の可能性もありますが、骨折はどうせ時間が掛かります。

ただ、確かに守備はそう問題ないかなとは思いましたが、バッティングは違和感があったと思います。それでも復帰してからは、サポーターを着けながら攻守でケガを感じさせぬ活躍をしていました。

しかし、ペナントレースの開幕には間に合わなかった。球団のOKはもらっていたと思いますが、メジャーなら骨折した時点でストップが掛かったと思います。

実際、金メダルを獲ったからたたえられているけれど、負けていたら「なんでそんな無理をさせたんだ」と批判されていたかもしれません。

一番ひやひやしたのは栗山英樹監督でしょう。源田本人がいくら「大丈夫です」と言っても、同じところにボールが当たったらという怖さもあったと思います。世界一に加え、しっかりケガをさせずに預かった選手をチームに返さなきゃいけないわけですから、代表監督は大変です。グラウンドでいつ会っても顔はこわばっていました。本当にご苦労さまでした。

つじのじつ話　その82

「楽しむ」を誤解しないでほしい

世界一の最大の功労者が大谷翔平選手であることは間違いありませんが、今回のWBCには陰のMVPがたくさんいました。全員の勝利と言っていいと思います。

ダルビッシュ有選手（サンディエゴ・パドレス）がキャンプから来てくれたこともあります。ヌートバー選手（セントルイス・カージナルス）と近藤健介選手（福岡ソフトバンクホークス）は東京ラウンド突破の原動力でした。メキシコ戦の吉田正尚選手（ボストン・レッドソックス）の同点3ランも大きかったし、村上宗隆選手（東京ヤクルトスワローズ）も苦労しながら準決勝でサヨナラ打、決勝でホームランです。もちろん、源田の貢献度も高いものがありました。

キャッチャーの中村悠平選手（東京ヤクルトスワローズ）も攻守で存在感を見せていました。キャッチングもいいし、インコースをうまく使えていた。あといいなと思ったのは一喜一憂しないことです。淡々とやるので、若い投手に与える安心感はあったと思います。

ただ、ペナントレースと、オールスターを集めた短期決戦のＷＢＣはまったく違います。ペナントレースでは、中村選手も、もっと感情を出して指示すると思います。あれだけ高いレベルの投手が集まったからこそ光ったスタイルでもありました。

今回の日本代表は、１本のヒットをベンチで全員が喜び、アウトを全員が悔しがり、「次、次」と声を掛け合うチームでした。あの一体感は本当に素晴らしいと思います。今の野球の中では、理想のチームと言えるのではないでしょうか。

日本中が彼らに夢中になり、テレビのワイドショーでは、若いお母さんが取材を受け、「中学になったら子どもが野球部に入ると言っています」と言われていました。嬉しい話ですよね。いきなり野球人口がどんと増えたりはしないでしょうが、影響は大きいと思います。あとは、球界関係者が、これを一過性にしないためにいろいろ考えなきゃいけないでしょう。

子どもたちに誤解してほしくないなと思ったことがあります。「野球を楽しみながらやる」という言葉の意味です。映像を見ていると、確かに代表選手たちは打ったときや得点したとき、感情をあらわにし、笑顔を見せて喜んでいました。きっと、それが楽しそうに見えたのだと思います。

ただ、打席や守備中にニヤニヤしていた選手はいましたか。三振の後、ヘラヘラ笑っていた選手はいましたか。

そんな選手は誰もいませんでした。

彼らは楽しみながらプレーをしていたわけじゃありません。むしろ強烈なプレッシャーの中でやっていました。

厳しい世界で自分を鍛え、自分に厳しくできる選手だからこそ、あの舞台に立てました。そういう選手たちがぎりぎりのところで戦い、いい場面でヒットを打ち、好プレーをし、勝利し、自分のこともほかの選手のことも、同じように喜んでいたのです。普段から練習もしてない連中が、わいわいやりながら楽しんで野球をしていたわけではありません。

プロ野球OBとして、そこは強調しておきたいと思います。

もう一つ、2023年の日本代表の戦いを「今までにないWBC最高の戦いでした」と言われると、ちょっと違うかなと思います。2009年、イチロー選手が決勝打を打った決勝も凄い試合でした。あれがその年のナンバーワンです。2006

年、僕がコーチだった第1回大会もそうです、準決勝の韓国戦と決勝のキューバ戦は最高の試合でした。

時代も違い、野球も変わっています。そのときどきで最高の試合があって、比べる必要はないのではないでしょうか。

つじのじつ話　その83

ツイッターで「なんてったってアイドル」に

監督退任が決まった後、ツイッターを始めました。

当初はSNSなど興味なく、自分が打ったものを息子にアップしてもらいましたが、やっていくうちに完全にはまってしまいました。

だって、立ち上げたら2時間で4万人ですよ！　しばらくしたら10万人がフォロワーになってくれ、今では12万人です（2023年5月現在）。新聞記者に「なんてったってアイドルだから」と言ったら見出しになってしまいました。自分の言葉をそんなにたくさんの人が読んでくれると思うと、今でも不思議な気持ちです。

始めた理由はやはり息子です。「監督を辞めたら、せっかくのファンとのつながりが薄れてしまう。ツイッターをやればつながっていけるよ」と言われ、なるほどなと思いました。

スタートは僕の誕生日の2022年10月24日です。息子に言わせれば、「そうやって決めたら、オヤジの性格上、逃げられないから」と。そのとおりでした(笑)。

ただ、それでも「俺にできるのかな」と迷っていたのですが、最後の決め手が「兄やんもやってるんだよ」でした。西武ライオンズの先輩の松沼博久さんです。失礼ながら兄やんが続けているんだから、僕でもなんとかなるかなと思いました。

兄やんには先日、ツイッターで「いくら考えてもファインプレーで何度も助けてもらったけど、エラーされた事は記憶にないんだよね。ありがとうね！」とつぶやいていただきました。

兄やん、こちらこそありがとうございます。一緒に頑張って続けましょう！

つじのじつ話　その84

故郷・佐賀のためにできることがあれば

わが故郷・佐賀の話もさせてください。高校卒業後に離れ、今では埼玉での暮らしがすっかり長くなっていますが、ずっと心の中で大事にしている場所です。

海あり緑あり人情ありで、とても暮らしやすいところです。

特にプロ野球選手が多いというわけではないのですが、僕と横浜ベイスターズ時代の権藤博さん、広島東洋カープの緒方孝市君と優勝監督が3人もいます。2018年は埼玉西武ライオンズ、広島東洋カープが優勝を飾り、「日本シリーズで佐賀決戦か？」と随分盛り上がったのですが、こちらがCSで敗れて実現せず、申し訳ないことをしました。

首位打者も僕と読売ジャイアンツの長野久義選手、横浜DeNAベイスターズの宮﨑敏郎選手、そして漫画『あぶさん』のモデルになったとも言われる近鉄バファローズ時代の永淵洋三さんの4人、盗塁王が緒方君と福地寿樹君（元東京ヤクルトスワローズほか）、あと、だいぶ昔の方ですが、木塚忠助さん（元南海ホークスほか）もいます。緒方君が3回、福地君が2回、木塚さんが4回ですから、これもすごいですね。ピッチャーでも権藤さん（現役時代は中日ドラゴンズ）と川崎徳次さん（元西鉄ライオンズほか）が、いずれも最多勝2回、最優秀防御率1回です。なかなかのものじゃないですか。

僕がプロに入ったときは5、6人の佐賀出身選手がいましたので、彼らに声を掛けて佐賀県人会をつくり、オフになると、子どもたちの野球教室をやっていました。最初はデパートの『佐賀玉屋』の渡り廊下や、駐車場の北風寒いところにテントを張ってサイン会をしたりしていましたが、やっていくうちに次第に興味を持ってくださる方が増え、後援してくれる会社も出てきました。もう40年近くになりますが、今も続いています。

佐賀には監督を退任してから何度か帰省し、山口祥義知事とお話しする機会もありました。2024年に『SAGA2024国スポ』を控え、スポーツ界全体が盛り上がっているそうで、野球に関しても、いろいろな取り組みをされているようです。

その一つが高校生です。佐賀には佐賀商高、佐賀北高と2つの公立校が甲子園で優勝していますが、2023年から高校の野球推薦枠を増やしたそうです。実は、佐

最終章
つじのこれから

佐賀のバスケットボールチーム『佐賀バルーナーズ』の試合でベンチリポーターをする著者（写真は著者提供）。佐賀での仕事も増えている

賀で中学生の野球教室をしていて、いつも感じていたのですが、佐賀の選手は他府県への野球留学が非常に多い。大阪や神奈川の横浜高、桐蔭学園高にもいましたし、この間、浦和学院高に行くと言う子もいて、「え、埼玉！」とつい言ってしまいました。

家が埼玉ですし、自分が佐賀でやれることは限られていますが、故郷のために少しずつでもできることをやっていきたいと思っています。

つじのじつ話　その85

監督のチャンスがあれば？「いやいやいや（笑）」

今は野球評論がメインとなっていますが、解説の仕事を通して、また、それ以外にも面白いことができないかと、『日本一の辻発彦ファン』と言ってくれる息子、退団後の僕のために毎日フル回転してくれている事務所のマネジャー、トンガリ君とともに頭をひねっています。

やってみて、「これは自分には無理だな」と思うことがあるかもしれません。嫌な気持ちになったり、失敗もあるかもしれませんが、まずは経験ありきでチャレンジしてみたいと思います。

ネガティブな僕らしくないと思うかもしれません。でも、野球の失敗はチームの敗北につながりますが、これは失敗しても自分だけの責任ですからね。次の仕事が来なくなるとか、自分に降りかかってくるだけです。

もちろん、やったことのない仕事には緊張があるし、不安もありますが、同時に、新しい挑戦や新しい出会いにはドキドキとトキメキがあります。

WBCの仕事であれば、お笑いコンビ『EXIT』の兼近大樹君と一緒にスタジオコメンテーターをしました。

東京ドームのわれわれの席から客席がすぐだったので、ゲームが始まるまでは大勢のお客さまが兼近君に向かって声援を送っていました。彼は、面倒くさがることなく、その一つひとつに笑顔で応え、求められたサインも可能な限り、すべて書いていました。礼儀正しいし、びっくりするくらいの好青年です。

野球も好きで、すごく詳しい。メキシコ戦であれば源田の背面キャッチとか、リプレー検証でアウトになったスライディングのタッチプレーとか、目のつけところが渋かった。中継の後、彼に打撃指導をしたこともありました。

兼近君とは、これが縁で彼のYouTubeで野球教室もやっています。1つの出会いから、いろいろ広がっていくのも楽しいし、嬉しいことです。

先日は、歌手の郷ひろみさんとご一緒させていただきましたが、年上とは思えぬ若々しさに驚きました。

佐賀では地元のプロバスケットボールチーム、佐賀バルーナーズの試合でベンチリポーターをしたり、女子ソフトボールの高校日本一、佐賀女子高の皆さんとお会いし、キャプテンの掛け声、「女は!」の後の「愛嬌!」に大笑いしました。たくさんの方々とお会いし、刺激を受け、パワーをもらっています。

監督時代、サインを求められると、名前以外に「埼玉西武ライオンズ85」と入れていました。それがなくなって、色紙の隙間がちょっと寂しいので何を入れようかと悩みましたが、今は、

「一生青春」

と書いています。これからもドキドキ、トキメキを大切にしながら、野球を愛し、

スポーツを愛し、仕事を、人生を楽しんでいこうと思います。

退任してから家で過ごす時間が増えましたが、一番喜んでいるのが愛犬のルーキーです。家にいると、ずっと僕から離れません。僕がスーツを着て外出の準備をしていると、どこかに連れて行ってくれると思うのでしょうか。バッグを持った途端、さっとキャリーバッグに入って「さあ、行きますよ」という顔をします。

これがほんとかわいい。思わず仕事をキャンセルし、ずっと一緒にいようかと思ってしまいます。

今は人生の中で、一番のんびりと過ごしている時期ですが、じっとしていると落ち着かない性格でもあり、時々、体がうずうずするときもあります。

ただし、「また、どこかで監督をしてください」と言っていただいたときは、

「いやいやいや」

と全力で否定しています。すみませんが、ユニフォームはもういいかなと思っています。

あくまで、今は、ですけど（笑）。

『日本一の辻発彦ファン』である息子の辻泰史さん（左）と著者（写真は著者提供）

「怖いお父さんからお兄ちゃんみたいになりました」（息子）

［おまけ企画］

辻親子対談

——書籍巻末企画として日本一の辻発彦ファンであるという息子さんと、辻さんの親子対談をしてみたいと思います。まずは息子さんの自己紹介をお願いします。

息子　本名・辻泰史（つじ・やすふみ）で、仕事のペンネームは辻ヤスシです。パチスロライターを肩書きにしていますが、書くと言うより、映像の出演が多いですね。

——野球歴は

息子　大学1年までですが、小学校のときは水泳をやっていて野球はしていません。本当は途中から野球をやりたかったんですが、父親から「始めたからには最後までやれ！」と言われました。中学から野球を始めたけど、それまでほとんどやってなかったんでヘタクソで、2、3試合に出ただけでした。高校でがっつりやって、大学という流れです。

父親　野球を早くやっても、すぐやめる子が多いじゃないですか。水泳は心肺機能とか体力的にプラスだと思ったんで、野球をやるなら中学からでいいかなと思いました。あと、少年野球って、お母さんも大変ですよね。僕が選手をやっていて、それじゃなくても大変なのに難しいかなと思いました。

——辻さんが実際に教えたことは。

父親　もちろんあります。よう泣いてたけどね。

息子　厳しいからね。

父親　自分の子どもを教えちゃいかんね。人の子に叱咤はできないけど、自分の子だとどうしても感情的になるときがあった。

息子　「なんで、これできないの」はよく言われました。こっちにしたら、「できないものはできないよ」だけど（笑）、今考えれば、あの辻発彦の指導を受けるんだから、ぜいたくな話です。

――息子さんが野球を始めたのは嬉しかったですよね。

父親　野球に興味を持って、やりたいと言ってくれたときは嬉しかったですよ。あと、よく「お父さんが野球をやっている、プロ野球の選手なんだというのが分かるまではやりたい」と言うじゃないですか。僕もそれを最低でもと目標にしていた。それが中学までできましたからね。

――息子さんの試合を見に行ったことは。

父親　中学のとき一度だけ見に行ったら、スクイズ決めたよな。

息子　ワンバウンドするような球で、延長で同点にした。見に来たのは、その1回だけですね。もともとほとんど試合に出てないのもあるけど。

――辻発彦の息子という周りの目は気になりましたか。

父親　あっただろう。新聞に必ず出るもんな。『辻2世』って。

息子　高校の夏の大会で6打数4安打くらい打ったときがあるけど、新聞にはヒットじゃなく、途中のインコースどん詰まりのセカンドゴロに対し、『父親譲りの流し打ち』って、めちゃでかく出ていました（笑）。でも、オヤジは大好きな選手だったから、言われると誇らしかったです。

――プロに行きたいという夢は。

息子　そんなレベルじゃないし、まったくなかったですね。野球に対する向上心がなかったんですよ。大学はセレクションでしたが、ほかにいい選手がたくさんいて、無理だなって思った。オヤジは社会人の日通で同じような状況になり、そこから死ぬ気でやったと言っていましたけど、僕は無理でした。

――ずっと西武ファンだったんですか。

息子　東京ドーム（当時の日本ハムファイターズ本拠地）と西武球場は土日に必ず見に行きましたが、ただオヤジを見たいだけです。球場にはおじいちゃんとおばあちゃんと行くんですが、試合前にボールを使って遊ぶんで疲れちゃう。試合中は椅子の足のところで横になって寝ていて、オヤジの打席だけ起こしてもらうのを続けていました。ただ、一度、「もう見に行きたくない」と言ったのは覚えています。ヤクルトに行く1年前ですね。西武の最後の1年は、ちょこちょこオヤジがスタメンから外れる試合が増え、面白くなかったんです。

――印象に残った試合は。

息子　試合内容は、正直、ほとんど覚えてないんですよ。ヤクルトでの引退試合だけは覚えていますが。

――その記憶というと。

息子　まず、雨がすごく降っていて、駅から神宮球場に歩いているとき、試合をやらないんじゃないかと不安でした。

父親　九州や大阪からも知り合いが来てくれていたけど、福岡から来た人が羽田空港からタクシーに乗り、「神宮まで」と言ったら「今日は、こんな雨ですから野球やらないでしょ」と言われるくらい降っていた。球団が気を使ってくれ、30分遅れにしてくれましたが、最初は、お客さんも少なかったんですよ。でも、試合がスタートしてから雨が小降りになり、いつの間にかお客さんもいっぱいになっていた。

息子　1打席目のセンターフライを捕られたのが腹立ったな。

父親　センターオーバーね。

息子　あとは波留敏夫さん（横浜）のセンター前に抜けそうな当たりを逆シングルで捕ってゲッツーもあったね。

父親　その前、センターフライ捕ったのも波留だけどね（笑）。中日でコーチで一緒になったとき、「お前、あんとき、なんで捕ったんだよ！」と冗談で言ったら、「その後、辻さんの代名詞のグラブトスができるところにゴロを打ってあげたじゃないですか」って言われたよ（笑）。

息子　もともと5回までだったっけ。

父親　いや、1打席でいいと監督の若松勉さんには言っていたんだけどね。

息子　イニングのたびに宮本慎也さんがオヤジの背中を押して出てくるのを見て、ありがたいと思いました。

――辻さんは泣かなかったんですよね。

父親　涙はなかった。腰が痛くて、ほとんど練習できなかったから、もうやり切った思いがありましたね。逆シングルだって、杖突いたみたいにヨタヨタだったから（笑）。「ああ、終わったな」という晴れやかな気持ちでした。41歳になるまで野球をさせてもらい、引退試合をしてくれ、スピーチもさせてもらいました。ヤクルトでは、たかだか4年間しかやっていないのにね。ありがたいなと思いました。

――選手を辞めて親子の関係性は。

息子　変わらなかったですね。

――家ではピリピリしてたんですか。

息子　それはないけど、昔から怖かったです。家ではしゃべんなかったですね。

父親　中日のコーチのときは名古屋にいたしね。

息子　今みたいな関係になったのは西武の監督になってからです。でも、最初は信用なかったな。

父親　なんで？

息子　西武の監督を引き受けたことを教えてくれなかったじゃない。母親に聞いたら、「あんたはほかに漏らす可能性があると言っていた」って（笑）。だから発表の後の朝はすごかったですよ。メールが100通くらい来ていた。最初、思ったのが、「あれ、今日、仕事があったのに飛ばしちゃったかな」です（笑）。よほどのことがないと、人生で100通もメール来ませんしね。

――その後、徐々になんでも言える関係になったわけですね。

息子 大きかったのは試合の後、一緒に試合の映像を見始めてですね。オヤジが見ていたのを一緒に見るようになったんです。僕はオヤジが監督になってから西武の試合は全部見てますし、球場でも年間60試合くらい見ています。ベルーナドームのときは、試合を見た後、家に行って確認をするんですよ。

――どんな話を。

息子 最初は何もしゃべってくれなかったんです。だから、とにかく見て『辻野球』を知って、聞き方も気をつけようと思いました。「あれ、なんだったの？」じゃなく、「これこれこうだから、こうしたの？」みたいな聞き方をするようになってから、いろいろ教えてくれるようになり、より野球を見るのが楽しくなりました。ネットとか見ていてよくありますよね。「なんでここでこいつが代打なの？」「なんでこの投手なの？」という文句。そういうのは嫌だった。それって単なる結果論でしょ。作戦には絶対に理由はあるんですからね。試合を見ながら、逆に「なんでこうなんだろう」と考えるのも楽しかったです。それを質問したら答えてくれる監督と一緒なんですから、ぜいたくですよね（笑）。

父親 すごく観察してたよね。「今日、今井達也君、少し腕が下がってなかった？」とか、俺が気付かないとこも見ていた。一番は身に着けているものかな。「この選手、今日から革手が変わってるんだけど」とか細かいところを見ていた。

息子 話をしたとき、「明日、選手と話すときのネタになるな」って言ったので、それから気をつけるようにしたんだよ。

――辻西武の魅力は。

息子　コツコツしたオヤジらしい野球です。1年目からよく打ちましたけど、走塁もすごかったじゃないですか。次から次に走って、細かい走塁もあった。僕がそういう野球が好きだったこともあります。

父親　実際、ホームランを打ちまくってという大味の野球もいいけど、1点をどう取るかという野球も面白いからね。

息子　あと僕はライオンズの応援歌が好きだったんですよ。球場に一人で行って、一人で応援歌を歌って騒いでました。

――2018年の優勝のときは。

息子　あのときは北海道（札幌ドームで決定）まで見に行きました。ホテルで一人のビール掛けです（笑）。次の年のZOZOマリンでの優勝は、球場にいて大号泣でした。

――じゃあ2018年、CSの後、お父さんの涙を見たときは。

息子　もちろん、こっちも大号泣です。でも、2018年、2019年は、僕もストレスがたまって、顔にブツブツができて胃薬を飲んでいました。オヤジの采配で優勝を逃したらどうしようと思って。

父親　「監督の言葉って影響しやすいから、ああいうことは言わないほうがいいよ」と言ってもらったこともあったな。
息子　SNSの世界は、揚げ足取りが怖いからね。
父親　たまに怖いもの見たさで見ると、「ええっ！」ってびっくりするよ。
――父親と辻発彦監督は別でしたか。
息子　それは昔からですね。選手のときからそうでした。家に帰れば、オヤジになるんですけど、試合を見ているときは大好きなチームの監督です。
――では、今のお二人の関係性は。
息子　怖いお父さんからお兄ちゃんみたいになりました。僕が結婚したので、うちの嫁にもよくしてくれます。よく3人で一緒に食事に行くようになりました。
――監督・辻の退任はどうでした。
息子　辞めたときというより、最後の年だろうなとはずっと思っていたんで、1年間ずっと寂しかったですね。でも、いざ辞めるときは、すがすがしいなと感じました。オヤジも納得していたし、こんなきれいな辞め方があるんだって。順位も3位でちょうどよかったしね（笑）。
父親　優勝しそうだったけどな。
息子　そうしたら「優勝しても辞めるんだ」になったかもしれないけど、3位になってCSに負けて、ちょうどいいかな、と。
父親　そうだな。ちょうどいいし、俺らしいよ（笑）。

死球	三振	打率	出塁率
2	13	.209	.294
10	26	.275	.366
8	63	.296	.359
2	21	.200	.242
3	51	.263	.313
6	33	.304	.358
8	38	.266	.347
7	48	.271	.338
8	38	.285	.373
6	37	.319	.395
4	51	.294	.351
4	30	.238	.342
5	46	.333	.409
5	37	.262	.315
4	17	.304	.346
0	7	.196	.281
82	556	.282	.352

写真＝酒井高夫

辻発彦年度別打撃成績

	所属球団	試合	打席	得点	安打	二塁打	三塁打	本塁打	打点	盗塁	盗塁刺	犠打	四球
1984	西　武	41	108	13	19	5	0	3	10	2	1	6	9
1985	西　武	110	310	45	69	11	4	5	35	27	3	15	29
1986	西　武	130	497	65	126	19	5	7	57	35	15	23	36
1987	西　武	51	136	9	25	5	1	2	9	10	1	4	5
1988	西　武	130	460	45	110	19	1	3	39	13	12	9	28
1989	西　武	130	490	58	133	12	5	3	52	33	7	9	33
1990	西　武	130	498	59	112	17	2	3	39	31	9	22	45
1991	西　武	129	571	61	135	27	2	8	43	16	6	20	44
1992	西　武	123	553	66	135	23	4	6	48	23	7	11	59
1993	西　武	110	501	68	137	26	5	3	31	14	6	10	51
1994	西　武	105	458	63	121	21	1	4	45	9	5	2	35
1995	西　武	107	370	31	73	8	2	2	20	7	8	13	45
1996	ヤクルト	103	456	59	133	9	2	2	41	9	3	1	48
1997	ヤクルト	85	308	33	73	10	1	2	18	6	2	6	17
1998	ヤクルト	61	182	20	51	5	0	3	18	6	1	0	8
1999	ヤクルト	17	58	4	10	0	0	0	5	1	0	1	6
	通　算	1562	5956	699	1462	217	35	56	510	242	86	152	498

PROFILE

つじ・はつひこ●1958年10月24日生まれ。佐賀県出身。佐賀東高から日本通運を経て、83年のドラフト会議で2位指名され、西武ライオンズに入団。黄金期のセカンドとしてチームに貢献し、三井ゴールデン・グラブ賞8回（1986、1988～1994）。ベストナイン5回（1986、1989、1991～1993）。93年には首位打者にも輝く。96年ヤクルトスワローズに移籍し、99年で引退。その後、2年間ヤクルトスワローズでコーチをした後、2002年から04年は横浜ベイスターズコーチ。06年、WBCのコーチとして世界一に輝いた後、07年から11年、14年から16年と中日ドラゴンズでコーチ、二軍監督を務める。17年から埼玉西武ライオンズ監督となり、18、19年と連覇。22年限りで退任し、現在は野球評論家

つじのじつ話《わ》
自《じ》分《ぶん》らしく、あるがままの監督論《かんとくろん》

2023年6月30日　第1版第1刷発行

著者　辻《つじ》 発彦《はつひこ》
発行人　池田哲雄
発行所　株式会社ベースボール・マガジン社
〒103-8482
東京都中央区日本橋浜町2-61-9　TIE浜町ビル
電話　03-5643-3930（販売部）
03-5643-3885（出版部）
振替口座　00180-6-46620
https://www.bbm-japan.com/

印刷・製本　広研印刷株式会社

ISBN978-4-583-11574-0　C0075

デザイン＝浅原拓也
校閲＝稲富浩子
写真＝酒井高夫（表紙）、BBM、辻発彦
編集＝井口英規

SPECIAL THANKS
埼玉西武ライオンズ